BIOGRAFIA DE ALLAN KARDEC

*Conselhos, reflexões e máximas
de Allan Kardec*

*Fragmentos extraídos dos
primeiros doze anos da*
Revista Espírita

Notas complementares

Henri Sausse

BIOGRAFIA DE ALLAN KARDEC

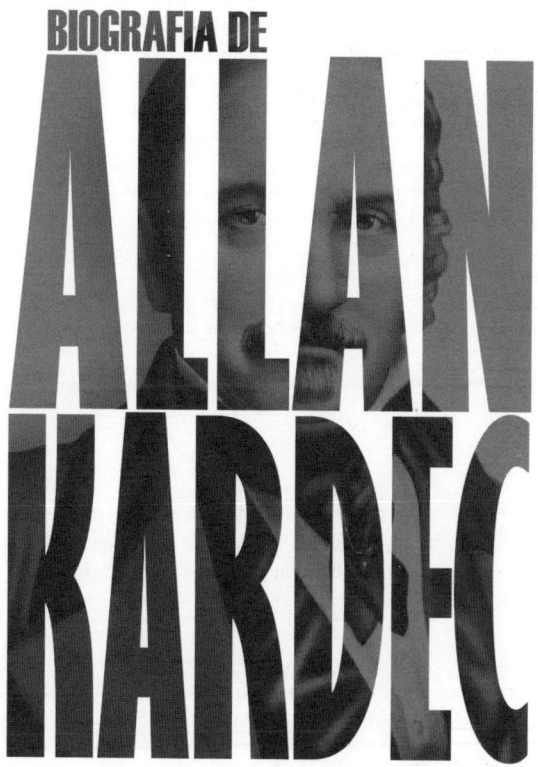

Tradução de Evandro Noleto Bezerra

Prefácio de Léon Denis

Copyright © 2010 by
FEDERAÇÃO ESPÍRITA BRASILEIRA – FEB

2ª edição – 1ª impressão – 2 mil exemplares – 1/2020

ISBN 978-85-9466-308-5

Todos os direitos reservados. Nenhuma parte desta publicação pode ser reproduzida, armazenada ou transmitida, total ou parcialmente, por quaisquer métodos ou processos, sem autorização do detentor do copyright.

FEDERAÇÃO ESPÍRITA BRASILEIRA – FEB
SGAN 603 - Conjunto F - Avenida L2 Norte
70830-106 – Brasília (DF) – Brasil
www.febeditora.com.br
editorial@febnet.org.br
+55 61 2101 6198

Pedidos de livros à FEB
Comercial
Tel.: (61) 2101 6155/6177 – comercial@febnet.org.br

Dados Internacionais de Catalogação na Publicação (CIP)
(Federação Espírita Brasileira – Biblioteca de Obras Raras)

S259b   Sausse, Henri, 1851–1928

         Biografia de Allan Kardec / Henri Sausse; prefácio de Léon Denis; tradução de Evandro Noleto Bezerra – 2. ed. – 1. imp. – Brasília: FEB, 2020.

         199 p.; 21 cm

         Inclui índice geral

         ISBN 978-85-9466-308-5

         1. Kardec, Allan, 1804–1869. 2. Espíritas – França – Biografia. 3. Espiritismo – História. 4. Mediunidade. I. Federação Espírita Brasileira. II. Título.

                                                              CDD 133.9
                                                              CDU 133.7
                                                              CDE 90.01.00

SUMÁRIO[1]

Apresentação 9
Prefácio de Léon Denis à edição de 1927 11
Prefácio de Gabriel Delanne à edição de 1910 16
Prólogo 20

Biografia de Allan Kardec 24
    Nascimento 25
    Batismo 26
    Vida escolar na França e na Suíça 27
    Casamento 29
    Carreira pedagógica 31
    Primeiros contatos com o Espiritismo 33
    O livro dos espíritos 39
    Revista Espírita 43
    Polêmica Espírita 47
    Diatribes 49
    Sociedade Parisiense de Estudos Espíritas 50
    Viagem Espírita em 1860 53
    O livro dos médiuns 58

---

[1] Nota do tradutor: Este sumário não fazia parte do texto original francês. Apenas ordenamos os títulos das matérias, tal como aparecem ao longo desta obra, com intuito de oferecer ao leitor uma visão panorâmica dos assuntos aqui tratados. Além disso, e com a mesma finalidade, interpolamos entre colchetes os títulos que aparecem no miolo do livro, embora não façam parte do texto original.

Viagem Espírita em 1861 59
Auto de fé de Barcelona 67
O espiritismo na sua expressão mais simples 71
Viagem Espírita em 1862 76
Ataques e perseguições 78
Imitação do evangelho. Viagem Espírita em 1864 86
O céu e o inferno 89
Um sonho instrutivo 90
Viagem Espírita em 1867. *A gênese* 92
A desencarnação de Kardec 93
Discursos proferidos junto ao túmulo 99
Na intimidade de Allan Kardec 103
Repercussão da morte na imprensa parisiense 106

Reflexões, conselhos e máximas de Allan Kardec.....111
Fragmentos extraídos dos primeiros doze anos da *Revista Espírita*

O Espiritismo — I 117
Autoridade da Doutrina Espírita 120
O Espiritismo — II 127
Amigos inábeis 132
Exploração da mediunidade 135
Fraudes espíritas 139
Nova tática dos adversários 143
Resposta aos detratores 149
Os tempos são chegados 153

Notas complementares 157
Primeira revelação da minha missão 157
Minha missão 158
   7 de maio de 1856
Minha missão 159
   12 de junho de 1856

A tiara espiritual 160
Primeira notícia de uma nova encarnação 165
Duração dos meus trabalhos.................................... 167
Minha missão 168
   12 de abril de 1860
Futuro do Espiritismo... 169
Minha volta.. 170
Meu sucessor.. 171

Ao "Grupo Esperança" de Lyon 175
Opinião de Allan Kardec sobre a sua biografia......... 176

Nota explicativa... 181
Índice geral 189

― APRESENTAÇÃO

Em 2004, ano em que se comemorava o bicentenário de nascimento de Allan Kardec, a Federação Espírita Brasileira publicou, em dois volumes, a obra *Allan Kardec: o educador e o codificador*, organizada por Zêus Wantuil, reunindo textos do livro *Allan Kardec* por ela editado em 1979–1980, em três volumes, e da autoria conjunta de Zêus Wantuil e Francisco Thiesen, considerada atualmente como a mais completa biografia do Codificador do Espiritismo já publicada no Brasil.

Por quê, então, a FEB se abalança a lançar outra biografia do Mestre de Lyon, necessariamente incompleta com relação à que acabamos de citar, especialmente se levarmos em conta que o *resumo* da biografia escrita por Henri Sausse já vem sendo publicado, há várias décadas, juntamente com o opúsculo *O que é o espiritismo?*

A resposta é simples. O livro que ora apresentamos aos leitores, muito mais completo, é a *versão integral* daquela biografia, abrangendo as três seções em que se divide a obra, incluindo a extraordinária seleção de artigos da *Revista Espírita*, todos de autoria do Codificador do Espiritismo, nos quais Allan Kardec expõe, por assim dizer, a sua alma, revelando-nos a sua personalidade, os sonhos que acalentava e as lutas e desafios que teve de vencer para dar conta da tarefa que o Alto lhe confiou. Além disso, o livro é enriquecido por dados *autobiográficos* de grande relevância, colhidos em *Obras póstumas* e comentados pelo autor desta biografia, absolutamente necessários para que se possa entender muitos fatos e situações que marcaram a vida e a obra de Allan Kardec. São páginas de rara beleza, selecionadas a dedo pelo autor desta obra, páginas que por si sós justificam plenamente a sua publicação.

O lançamento deste livro também faz parte das homenagens prestadas, em 2008, pela Federação Espírita Brasileira ao sesquicentenário da *Revista Espírita*, esse laboratório incomparável de Allan Kardec, essa tribuna livre da qual ele se serviu tantas vezes para vulgarizar o Espiritismo. Será meditando os seus conselhos, as suas máximas, como bem enfatizou Henri Sausse, que aprenderemos a conhecer melhor e a amar cada vez mais o "fundador da filosofia espírita".

A todos, pois, desejamos excelente leitura!

A EDITORA

PREFÁCIO DE LÉON DENIS À EDIÇÃO DE 1927

Já se passaram 58 anos desde que o Espírito Allan Kardec retornou à vida livre dos Espaços[2] e, durante esse lapso de tempo, sua doutrina penetrou até as regiões mais afastadas do globo, reunindo aos milhões o conjunto dos partidários, dos adeptos. Seria supérfluo enumerar todos os grupos, círculos, federações e institutos que já foram fundados, como igualmente seria inútil citar os jornais, revistas e publicações que, em todas as línguas, hão contribuído para a difusão de nossas crenças. Ilusório e supérfluo, diremos nós, porquanto a lista seria provisória, já que o nome desses organismos e de suas obras aumenta todos os dias.

Hoje, a Doutrina dos Espíritos, condensada e coordenada pelo vigoroso cérebro de Allan Kardec, é adotada por multidões de crentes e de estudiosos das regiões central e meridional da Europa, desde Portugal até a Romênia, assim como nas Américas Central e do Sul. Em diversos meios,

---

[2] Nota do tradutor: Este prefácio foi escrito em 1927.

institutos e universidades lhe reservaram um lugar entre seus programas, de modo que podemos prever, segundo a evolução geral da espiritualidade, a hora em que a doutrina das vidas sucessivas penetrará o ensino popular e idealista em todos os países. Já é possível calcular-se o grande número de desesperados aos quais essa crença restituiu a força moral, a coragem de viver e a confiança no futuro, preservando-os, por conseguinte, do suicídio; de todos os que ela ajudou a suportar as provações e o fardo pesado de vidas obscuras e dolorosas. Eu mesmo tenho testemunhos comoventes sob a forma de cartas que ocupam pastas inteiras, embora só conserve as mais importantes.

Eu tinha 18 anos quando li pela primeira vez *O livro dos espíritos*, o qual iluminou subitamente todo o meu ser. Não tive necessidade de provas para uma doutrina que respondia a todas as minhas questões e resolvia todos os problemas, de modo a satisfazer a razão e a consciência. Aliás, as provas estavam em mim mesmo; era como se vozes distantes me falassem de vidas que se foram, algo como a evocação de um passado esquecido, todo um mundo de lembranças que aflorava com o seu cortejo de males, de sangue e de lágrimas.

Logo em seguida me dediquei a leituras complementares e, mais tarde, quando minha maturidade parecia suficiente para compreender bem, vieram os fenômenos convincentes, decisivos. De minha parte, e durante quase meio século, trabalhei em prol da divulgação de nossas crenças, tanto pela escrita como pela palavra. Haverá um laço misterioso entre o discípulo e o Mestre? Convém não esquecer que meu nome está intimamente associado ao de Allan Kardec, que, na verdade, se chamava Hippolyte Léon Denisard Rivail.³ Os que gostam de números e de nomes fatídicos podem encontrar aí matéria para seus comentários.

Encontrei Allan Kardec inúmeras vezes no plano terrestre. A primeira vez foi em Tours, quando ele ali chegou em 1867, durante uma turnê de conferências. Havíamos alugado um salão para recebê-lo, mas a polícia imperial desconfiou de nós e interditou a utilização da sala. Tivemos, então, que nos reunir nos jardins da casa de um amigo, sob a luz das estrelas. Éramos cerca de trezentos, todos de pé, apertados uns contra os outros, tropeçando nas grades que protegiam os canteiros, mas felizes por ver e ouvir o Mestre, que, assentado em volta de uma pequena mesa, nos falava do fenômeno das obsessões.⁴

No dia seguinte, quando ia prestar-lhe as minhas homenagens, encontrei-o no mesmo jardim, no alto de pequena escada, a colher cerejas que ele atirava à Sra. Allan Kardec. Essa cena bucólica e encantadora contrastava com a seriedade das personagens. Mais tarde o encontrei em Bonneval (Eure-et-Loir), onde ele participava de um encontro espírita que reunia todos os adeptos da região. Finalmente, durante as viagens que eu fazia a Paris, pude tratar com ele da causa que nos era tão cara.

Allan Kardec morreu em 1869. Disseram que ele havia reencarnado no Havre em 1897, o que não é verdade. De fato,

---

³ Nota do tradutor: Ao longo desta obra, a grafia do nome civil de Allan Kardec é apresentada de diversas formas. Uma das mais tradicionais e justamente considerada é: Hippolyte Léon Denizard Rivail, ou H.L.D. Rivail, como ele mesmo assinava. Pesquisas recentes, porém, levaram à descoberta da sua certidão de nascimento (*Acte de naissance*); ali o seu nome está assim registrado: *Denisard Hypolite Léon Rivail*. (Veja-se o capítulo "Adendo esclarecedor", contido na obra *Allan Kardec: o educador e o codificador*, parte segunda, FEB.)

⁴ Nota do tradutor: Em 1867, Allan Kardec visitou as cidades francesas de Bordeaux, Tours e Orléans. Veja-se o capítulo: "Breve excursão espírita" na obra *Viagem espírita em 1862 e outras viagens de Kardec*, FEB.

por que um Espírito da sua envergadura iria aguardar trinta anos para revelar suas faculdades e a missão providencial de que estava investido? Foi somente às vésperas do Congresso de 1925 que o grande iniciador começou a se manifestar no nosso grupo por um médium em transe. Considerando-se a minha idade e enfermidades, hesitei, então, em tomar parte nessas grandes sessões do Espiritismo mundial. Ele, porém, com seus argumentos e com toda a força da sua vontade, me convenceu a participar daquele conclave, não me faltando ali o seu apoio fluídico e a eficácia de suas inspirações.

A partir de então, ele não parou de intervir em todas as nossas sessões, insistindo para que eu redigisse e publicasse um livro sobre o *Gênio céltico e o mundo invisível*, a fim de demonstrar que o movimento espiritualista da atualidade nada mais é que o poderoso despertar das tradições da nossa raça. Isto não deve causar nenhuma surpresa, já que partiu de um druida reencarnado, que quis um dólmen como pedra tumular no *Père-Lachaise*[5] e que retomou o seu nome céltico. Allan Kardec fez mais: continuou a ditar-nos uma série de mensagens que se encontram na parte final do meu livro, algumas das quais atingem o limite máximo da compreensão humana. Duas delas, sobretudo, apresentam esse caráter e têm por títulos: *Origem e evolução da vida universal*; e *As forças radiantes do Espaço: o campo magnético*. Nossos guias nos

---

[5] Nota do tradutor: O corpo de Allan Kardec foi enterrado no cemitério de Montmartre, no dia 2 de abril de 1869. Um ano depois, seus restos mortais foram transferidos para o dólmen erguido no cemitério do *Père-Lachaise*, cuja construção foi decidida por seus amigos, de comum acordo com a viúva, Amélie Boudet, não havendo qualquer evidência de que tal iniciativa correspondesse a um desejo especial do Codificador. Veja-se o apêndice: "Inauguração do monumento", no livro *O Espiritismo na sua expressão mais simples e outros opúsculos de Kardec*, FEB.

declaram que todo leitor poderá tirar dessa obra uma orientação nova que, "no estágio evolutivo que alcançamos, é apenas compatível com o grau de resistência do cérebro humano". Acrescentamos, enfim, que o Espírito Allan Kardec, no curso de numerosas conversas, deu-me provas incontestáveis de sua identidade, entrando em detalhes precisos sobre a sua sucessão e sobre as dificuldades que ela suscitou, detalhes que o médium não podia conhecer, visto não passar, então, de uma criança, cujos pais ignoravam completamente o Espiritismo. Esses fatos já estavam quase apagados da minha memória e, não fossem certas pesquisas e investigações realizadas, eu não seria capaz de reconstituí-los.

Uma vez mais, o discípulo se inclina diante da vontade imperiosa do Mestre. Apesar da minha idade avançada e do meu estado de cegueira, pude terminar o *Gênio céltico*, que tanto me toca o coração. Mais do que nunca, durante todo o curso deste trabalho, meus amigos invisíveis me sustentaram, ajudaram, esclareceram; mais que nunca, senti que minha última obra — desejada do Alto — é realmente o resultado de uma estreita colaboração entre dois servidores de uma mesma e única causa. Colaboração? Melhor será dizer comunhão completa de duas almas, perseguindo um objetivo comum: a expansão universal de uma crença chamada a se adaptar rapidamente à mentalidade moderna.

Nada deterá o Espiritismo em sua marcha, porque ele é a verdade. E não vai longe o dia em que a Humanidade inteira verá em Allan Kardec um precursor, um renovador do pensamento moderno, acabando por lhe prestar as homenagens devidas à sua memória.

LÉON DENIS

PREFÁCIO DE GABRIEL DELANNE À EDIÇÃO DE 1910[6]

Julgamos desnecessário apresentar ao público o autor da biografia de Allan Kardec. Nosso amigo H. Sausse é conhecido de longa data e incluído entre os espíritas militantes de primeira ordem, tanto pelas suas notáveis pesquisas experimentais sobre os fenômenos mediúnicos quanto pelo ardor infatigável pela propaganda e pela defesa das ideias que nos são tão caras.

Sentimo-nos felizes pela brilhante ideia que ele teve de retratar, em algumas páginas, a vida de devotamento e labor do grande Espírito filosófico que soube demonstrar a existência do mundo dos Espíritos e traçar magistralmente as grandes linhas da evolução espiritual de todos os seres.

A obra de Allan Kardec é imperecível, porque é clara, lógica e baseada na observação imparcial dos fatos. Inutilmente se há tentado destruir suas doutrinas; elas, porém, têm resistido a todos os assaltos. Os sarcasmos dos padres, os

---

[6] Nota do tradutor: Este prefácio não fazia parte da 4ª edição francesa, de 1927, que serviu de base para esta tradução.

ataques dos materialistas, os anátemas das religiões foram impotentes para vencer essa força que só a verdade traz em si. Mais vigoroso que nunca, o Espiritismo se desenvolve qual árvore poderosa, cujas raízes estão implantadas em todas as classes da sociedade.

Desde a morte de Allan Kardec, o número de adeptos tem aumentado sempre. O Congresso de 1889,[7] com seus quarenta mil aderentes, é a última manifestação dessa vitalidade, e as pesquisas levadas a efeito pelo mundo oficial científico dão testemunho da importância de tais estudos.

De fato, que problema será mais digno de fixar a nossa atenção? Saber se somos passageiras agregações de átomos que a morte há de lançar no nada, com o aniquilamento de todas as nossas afeições, todos os nossos sonhos, todas as nossas esperanças, ou se renasceremos num mundo novo, onde vamos encontrar os seres amados sob o pálio da eterna justiça, tantas vezes violada na Terra?

Já não nos encontramos na época em que bastava a fé para garantir a certeza da vida futura. É preciso, ao espírito moderno, outra coisa mais do que simples afirmações; foi o que Allan Kardec compreendeu admiravelmente. Todo o seu ensino repousa na rigorosa observação dos fatos.

Ele mostrou que a relação entre os vivos e os desencarnados era a pedra angular da filosofia científica do futuro. Nada de vagas especulações metafísicas em suas obras, mas deduções imediatas, tangíveis, ao alcance de todas as inteligências. O estudo da vida no Espaço se desenvolve com

---

[7] Nota da edição francesa de 1910: Depois que estas linhas foram escritas, o Congresso de 1900, realizado em Paris, obteve o mesmo sucesso.

um rigor inatacável. A responsabilidade dos atos se verifica em todas as comunicações. Assistimos ao alvorecer da morte com todas as suas consequências, conforme o emprego bom ou mal que se dê à vida neste mundo.

E, depois, é a demonstração dessas comoventes leis de amor e de fraternidade, que não são meras fórmulas sentimentais, mas realidades efetivas. Sente-se que a grande lei de evolução, que faz com que todos os seres, por meio das reencarnações sucessivas, passem por todos os graus da escala social, é uma necessidade que se impõe à razão, com o rigor que a experiência constata. Entrevê-se, então, a possibilidade de uma sociedade mais equitativa, quando tais verdades, penetrando no coração das multidões, aí farão desabrochar essas flores da alma que ainda jazem em estado embrionário.

A pureza desses ensinos é uma garantia segura da sua autenticidade. Baseando-se na justiça e na bondade de Deus, restabelece a verdadeira doutrina do Cristo, alterada por dezoito séculos de interpretações interesseiras. São as vozes do Espaço que convocam a Humanidade aos seus destinos superiores, a um futuro de concórdia e de amor.

Sim, é preciso tornar conhecido o grande missionário, que foi um homem simples, justo e bom. É preciso que se mostre o seu labor obstinado, a sua incessante preocupação de levar a bom termo a obra começada, em meio às ciladas da inveja, das perfídias e dos ódios provocados pela boa palavra que ele semeava no campo das ideias.

Contudo, para o sustentar, o Mestre contou com o profundo reconhecimento de todos aqueles a quem ele facultou os meios de se corresponderem com seus mortos amados; foi recompensado pela satisfação de minorar os sofrimentos dos deserdados deste mundo, ao abrir a porta do ideal aos que sucumbem sob o gládio da dor ou da miséria. É por isso que ele será colocado bem alto no coração dos povos, quando estes compreenderem e praticarem a sublime Doutrina, da qual se fez ardente apóstolo e infatigável propagador.

Gabriel Delanne

PRÓLOGO

Em março de 1896, quando me veio à mente a ideia de esboçar uma pequena biografia de Allan Kardec, eu só tinha em vista fazer uma conferência para os meus amigos da Federação Espírita Lionesa, por ocasião do aniversário de morte do Mestre. Lionês de adoção, e me dirigindo a um público lionês, fiz esse trabalho às pressas, visando quase que exclusivamente ao auditório ao qual ele se destinava; não era minha intenção publicá-lo, o que acabou acontecendo por insistência dos amigos. Esgotada a edição inicial, e atendendo aos numerosos apelos que me foram dirigidos, resolvi publicar uma nova edição, mas sem as lacunas encontradas na primeira.

Para chegar a esse resultado, procurei os raros sobreviventes que haviam privado da intimidade do Mestre; porém, seja porque a memória deles fraquejasse, seja porque não quisessem remover a poeira que lhes cobria velhas lembranças de quarenta anos, todas as diligências que fiz nesse sentido não produziram qualquer efeito. Tive, pois, que buscar em outra fonte os elementos de que precisava, a fim de elaborar uma biografia menos sumária que a primeira, que, na verdade, não passou de um ensaio.

Henri Sausse

Uma coisa que sempre me contristou e que muitas vezes verifiquei ao longo dos 25 anos em que, como presidente, dirigi os trabalhos da "Sociedade Fraternal", é a indiferença dos espíritas para com a leitura da *Revista Espírita*, edições de 1858 a 1869, nas quais Allan Kardec esboçou as obras fundamentais da Doutrina Espírita e nas quais até hoje se sente a fé ardente e a profunda convicção que o animavam, fé e convicção que ele sabia tornar tão comunicativas. Muitos creem, erroneamente, que tais escritos envelheceram e perderam a sua atualidade, não nos oferecendo hoje a sua leitura o menor interesse, tamanha é a rapidez com que tem marchado a ideia espírita nestes últimos tempos. Erro profundo e lamentável. Não, os escritos de Allan Kardec não envelheceram, não caducaram, mantendo, ao contrário, todo o seu vigor, toda a sua pertinência, toda a sua clareza, toda a sua atualidade.

Quantos preceitos judiciosos, quantos conselhos sensatos e esclarecedores, quantos exemplos vivenciados pululam nos primeiros doze anos da *Revista Espírita*! Em minha opinião, temos errado bastante quando desprezamos essa fonte de ensinamentos tão ricos, que nos deveriam interessar mais de perto, visto que abrangem todos os pontos em que se desdobra a Doutrina Espírita.

Para me documentar sobre Allan Kardec, acabo de fazer uma nova peregrinação por aquelas páginas reconfortantes, nas quais o Mestre traçava, dia após dia, ao sabor dos acontecimentos, seus pensamentos íntimos, suas reflexões tão judiciosas, seus conselhos tão claros, tão precisos, tão metódicos. Em cada uma de suas linhas sentimos vibrar a alma de seu autor, sentimos Allan Kardec irradiar-se e mostrar-se tal como sempre foi: bom, generoso e benevolente para com todos, mesmo com os inimigos. Por mais que o atacassem, o desacreditassem e caluniassem, ele se mostrava sempre tolerante e calmo, contestando com argumentos irrefutáveis os ataques dirigidos contra a Doutrina Espírita, mas ignorando as injúrias e maldades que lhe chegavam de todas as partes. Somente ao reler estas páginas, pude compreender melhor e admirar ainda mais Allan Kardec, e será reproduzindo essas pérolas, essas joias, esses diamantes que se acham nesse rico escrínio — a *Revista Espírita* — que mais facilmente poderei torná-lo conhecido. Assim, esta biografia será uma autobiografia, pela qual Allan Kardec virá, de alguma sorte, descrever-se a si mesmo e revelar-se tal como sempre foi: pensador profundo, leal, metódico, escritor vigilante e preciso, espírita esclarecido e convicto, afável e tolerante, esforçando-se sempre por regular sua conduta de conformidade com os princípios que professava, praticando-os ele mesmo ao ensiná-los aos outros.

Eis o homem que deu ao Espiritismo a sua bela divisa: *Fora da caridade não há salvação*, divisa que ele não só proclama, como põe em prática. Seu único desejo, pois, é vê-la regular também a conduta de todos os que se dizem e creem espíritas.

Meu único mérito neste novo estudo sobre Allan Kardec se reduz, portanto, a um trabalho de copista. Seduzido pela verdade, pela grandeza e pela beleza de certos ensinamentos do Mestre, julguei por bem extraí-los dos doze volumes que os contêm, a fim de submetê-los *aos meus irmãos e irmãs em crença*, sem outra pretensão e sem outro desejo senão o de fazer que eles também o admirem.

Embora este estudo já não se dirija especialmente aos espíritas lioneses, como sucedeu com o meu primeiro trabalho, não farei qualquer modificação na sua parte inicial, em reconhecimento ao motivo que me guiou naquela ocasião.

Henri Sausse
Lyon (França), 31 de março de 1909.

BIOGRAFIA DE ALLAN KARDEC

S enhoras e senhores,
Muitas pessoas que se interessam pelo Espiritismo já manifestaram o pesar de só possuírem conhecimento muito imperfeito da biografia de Allan Kardec, e não saberem onde encontrar, sobre aquele a quem chamamos Mestre, as informações que desejariam conhecer. Pois é para honrar Allan Kardec e festejar a sua memória que nos achamos hoje reunidos, e, posto que um mesmo sentimento de veneração e reconhecimento faz vibrar todos os corações em respeito ao fundador da filosofia espírita, permiti-me, no intuito de tentar corresponder a tão legítimo desejo, que vos entretenha alguns momentos com esse Mestre Amado, cujos trabalhos são universalmente conhecidos e apreciados, e cuja vida íntima e laboriosa existência mal suspeitamos.

Se foi fácil a todos os investigadores conscienciosos darem-se conta do alto valor e do grande alcance da obra de Allan Kardec pela leitura atenta de seus livros, bem poucos puderam, pela ausência até hoje de elementos para isso, adentrar a vida interior do homem e segui-lo passo a passo no desempenho da sua tarefa tão grande, tão gloriosa e tão bem preenchida.

Não apenas pouco se conhece a biografia de Allan Kardec, senão que ela ainda está por ser escrita. A inveja e o ciúme semearam sobre ela os mais evidentes erros, as mais grosseiras e as mais impudentes calúnias. Vou, portanto, esforçar-me por mostrar-vos, com luz mais verdadeira, o grande iniciador de quem nos orgulhamos de ser discípulos.

NASCIMENTO

Todos sabeis que a nossa cidade se deve honrar, com justa razão, por ter visto nascer entre seus muros esse pensador tão arrojado quão metódico, esse filósofo sábio, clarividente e profundo, esse trabalhador obstinado cujo labor sacudiu o edifício religioso do Velho Mundo e preparou os novos fundamentos que deveriam servir de base à evolução e à renovação da nossa sociedade caduca, impelindo-a para um ideal mais são, mais elevado, para um adiantamento intelectual e moral seguros. Foi realmente em Lyon que, a 3 de outubro de 1804, nasceu de antiga família lionesa, com o nome de Rivail, aquele que mais tarde devia ilustrar o nome de Allan Kardec e conquistar para ele tantos títulos à nossa profunda simpatia, ao nosso filial reconhecimento.

Eis, a tal respeito, um documento positivo e oficial:

"Aos doze do vindemiário do ano XIII, auto do nascimento de *Denizard Hyppolyte-Léon Rivail*, nascido ontem às 7 horas da noite, filho de *Jean-Baptiste-Antoine Rivail*, magistrado, e *Jeanne Duhamel*, sua esposa, residentes em Lyon, rua Sala, nº 76.[8]

O sexo da criança foi reconhecido como masculino.

Testemunhas maiores: *Syriaque-Frédéric Dittmar*, diretor do estabelecimento das águas minerais da rua Sala, e *Jean-François Targe*, mesma rua Sala, por requisição do médico *Pierre Radamel*, rua Saint-Dominique, nº 78.

Feita a leitura, as testemunhas assinaram, assim como o administrador da divisão do Sul.

O presidente do Tribunal,
(assinado): Mathiou.
Confere com o original:
O escrivão do Tribunal,
(assinado): Malhun."

BATISMO

O jovem Rivail foi batizado no dia 15 de junho do ano seguinte, conforme assinalam os registros de batismo a seguir transcritos, cujo original o Sr. Leymarie teve a gentileza de nos ceder:

"Certidão de batismo da paróquia de Saint-Denis en Bresse,[9] diocese de Lyon:

---

[8] Nota de Henri Sausse: A casa em que nasceu Allan Kardec desapareceu entre 1840 e 1852, quando se fez o alargamento e alinhamento da rua Sala, em consequência das inundações de 1840.

[9] Nota de Henri Sausse: Igreja de Saint-Denis de la Croix Rousse, que, então, não fazia parte de Lyon.

Aos quinze dias do mês de junho do ano de mil oitocentos e cinco, foi batizado nesta paróquia Hypolite-Léon Denizard, nascido em Lyon no dia três de outubro de mil oitocentos e quatro, filho de Jean-Baptiste Antoine Rivail, homem de leis, e Jeanne Louise Duhamel, tendo como padrinhos Pierre Louis Perrin e Gabrielle Marie Vernier, residentes na cidade de Bourg. — Assinado: Barthe, cura da paróquia, com cópia liberada no dia vinte e oito de outubro de mil oitocentos e treze."

"(assinado): Chassin, *cura*."[10]

O futuro fundador do Espiritismo recebeu desde o berço um nome querido e respeitado, e todo um passado de virtudes, de honra, de probidade; grande número de seus antepassados se havia distinguido na advocacia e na magistratura, por seu talento, saber e escrupulosa probidade. Parecia que o jovem Rivail devia sonhar, ele também, com os louros e as glórias da sua família. Tal, porém, não sucedeu, porque, desde o começo da sua juventude, ele se sentiu atraído para as Ciências e para a Filosofia.

VIDA ESCOLAR NA FRANÇA E NA SUÍÇA

Rivail Denizard fez em Lyon os seus primeiros estudos[11] e completou em seguida a sua bagagem escolar, em

---

[10] Nota de Henri Sausse: Este documento foi lavrado em papel timbrado custando 25 centavos.

[11] Nota do tradutor: O jovem Rivail nunca morou em Lyon, conforme ele mesmo atesta na *Revista Espírita* de junho de 1862 ("Assim se escreve a História — os milhões do Sr. Allan Kardec.") Pesquisas recentes revelam que ele passou a infância em Bourg-en-Bresse, distante 60 km de Lyon, e naquela cidade é que teria feito os seus primeiros estudos, antes de ir para Yverdun, na Suíça, estudar no colégio do famoso pedagogo Heinrich Pestalozzi.

Yverdun (Suíça), com o célebre professor Pestalozzi, de quem cedo se tornou um dos mais eminentes discípulos, colaborador inteligente e devotado. Aplicou-se, de todo o coração, à propaganda do sistema de educação que exerceu tão grande influência sobre a reforma dos estudos na França e na Alemanha.

Desde os catorze anos, o jovem Rivail explicava a seus colegas, menos instruídos do que ele, as lições do Mestre, quando aqueles não as haviam compreendido, visto que a sua inteligência, tão aberta e tão ativa, captava as lições de Pestalozzi tão logo eram enunciadas na sala de aula. Foi nessa escola que se desenvolveram as ideias que mais tarde deviam fazer de Rivail um observador atento, meticuloso, um pensador prudente e profundo. As dificuldades por que passou inicialmente, devidas ao fato de ser católico num país protestante, o levaram, desde cedo, a ser tolerante e o transformaram num homem de progresso, num livre-pensador judicioso, querendo compreender primeiro, antes de acreditar naquilo que lhe ensinavam.

Muitas vezes, quando Pestalozzi era chamado pelos governos, um pouco de todos os lados, para fundar institutos semelhantes ao de Yverdun, confiava a Denizard Rivail o encargo de o substituir na direção da sua escola.[12] O discípulo tornado Mestre tinha, além de tudo, com os mais legítimos

---

[12] Nota do tradutor: O pesquisador espírita Zêus Wantuil discorda dessa afirmação de Henri Sausse. Segundo ele, "o máximo que se pode admitir, e ainda o consideramos muito pouco provável, é ter ele (Rivail) administrado, no final de sua permanência em Yverdun, alguma seção daquele estabelecimento de ensino e educação (*Allan Kardec: o educador e o codificador*, cap. 9, FEB, 2019).

direitos, a capacidade requerida para levar a bom termo a tarefa que lhe era confiada. Era bacharel em Letras e em Ciências e doutor em Medicina, tendo feito todos os estudos médicos e defendido brilhantemente sua tese.[13,14] Linguista insigne, conhecia a fundo e falava fluentemente o alemão, o inglês, o italiano e o espanhol; conhecia também o holandês, e podia facilmente exprimir-se nesta língua.

Denizard Rivail era um alto e belo rapaz, de maneiras distintas, humor jovial na intimidade, bom e afável no trato. Tendo a conscrição incluído o seu nome para o serviço militar, ele obteve isenção e, dois anos depois, veio fundar em Paris, à rua de Sèvres, nº 35, um estabelecimento semelhante ao de Yverdun. Para essa empresa ele se associara a um de seus tios, irmão de sua mãe, o qual era seu sócio capitalista.

CASAMENTO

No mundo das letras e do ensino, que frequentava em Paris, Denizard Rivail encontrou a Srta. Amélie Boudet, professora com diploma de 1ª classe. Pequena, mas bem-proporcionada, gentil e graciosa, rica por seus pais e filha única, inteligente e viva, ela soube por seus sorrisos e predicados

---

[13] Nota de Henri Sausse: Esses dados me foram fornecidos pelo Sr. G. Leymarie, em 1896.

[14] Nota do tradutor: Apesar dessa informação, que outros escritores e pesquisadores encamparam, "ainda não apareceu nenhum documento que pelo menos prove haver Rivail frequentado, como aluno ou mesmo como ouvinte, alguma faculdade de Medicina, não existindo em seus escritos nenhuma nota ou referência que possa dirimir a questão" (*Allan Kardec: o educador e o codificador*, cap. 31: "Rivail Médico?", FEB, 2019).

fazer-se notar pelo Sr. Rivail, em quem adivinhou, sob a franca e comunicativa alegria do homem amável, o pensador sábio e profundo, que aliava grande dignidade à mais esmerada educação.

O registro civil nos informa que:

"Amélie Gabrielle Boudet, filha de Julien-Louis Boudet, proprietário e antigo tabelião, e de Julie-Louise Seigneat de Lacombe, nasceu em Thiais (Sena), aos dois do Frimário do ano IV (23 de novembro de 1795)."

A senhorita Amélie Boudet tinha, pois, mais nove anos que o Sr. Rivail, mas, na aparência, dir-se-ia ter menos dez que ele, quando, em 6 de fevereiro de 1832, em Paris, se firmou o contrato de casamento de Hippolyte-Léon Denizard Rivail, diretor do Instituto Técnico, à rua de Sèvres (Método de Pestalozzi), filho de Jean-Baptiste Antoine e senhora Jeanne Duhamel, residentes em Château-du-Loir, com Amélie-Gabrielle Boudet, filha de Julien-Louis e senhora Julie-Louise Seigneat de Lacombe, residentes em Paris, rua de Sèvres, nº 35.

O sócio do Sr. Rivail tinha paixão pelo jogo; arruinou o sobrinho, perdendo o tio grossas somas em Spa e em Aix-la-Chapelle. O Sr. Rivail requereu a liquidação do Instituto, de cuja partilha couberam 45.000 francos a cada um deles. Essa soma foi colocada pelo Sr. e Sra. Rivail em casa de um dos seus amigos íntimos, negociante, que fez maus negócios e cuja falência não deixou coisa alguma aos credores.

Longe de desanimar com esse duplo revés, o Sr. e a Sra. Rivail lançaram-se corajosamente ao trabalho. Ele encontrou e pôde encarregar-se de três contabilidades, que lhe rendiam cerca de 7.000 francos por ano e, findo o seu dia, esse trabalhador infatigável aproveitava a noite para escrever gramáticas, aritméticas, livros para estudos pedagógicos superiores; traduzia obras inglesas e alemãs e preparava todos os cursos de Levy-Alvarès, frequentados por discípulos de ambos os sexos do bairro Saint-Germain. Organizou também em sua casa, à rua de Sèvres, cursos gratuitos de Química, Física, Astronomia e Anatomia comparada, de 1835 a 1840, e que eram muito frequentados.

CARREIRA PEDAGÓGICA

Membro de várias sociedades sábias, notadamente da Academia Real de Arras, foi premiado, por concurso, em 1831, pela apresentação da sua notável memória: *Qual o sistema de estudo mais em harmonia com as necessidades da época?*

Dentre as suas numerosas obras convém citar, por ordem cronológica: *Curso prático e teórico de aritmética*, publicado em 1824[15] para uso das mães de família e dos professores, segundo o método de Pestalozzi; *Plano proposto para o melhoramento da instrução pública*, em 1828; em 1831, fez aparecer a *Gramática francesa clássica*; em 1846, o *Manual dos exames para obtenção dos certificados de capacidade*: soluções racionais das questões e problemas de aritmética e de geometria; em 1848, foi publicado o *Catecismo gramatical da língua francesa*; finalmente, em 1849, encontramos o Sr. Rivail como professor

---

[15] Nota do tradutor: Embora conste o ano de 1829 no original francês que serviu de base para esta tradução, o *Curso prático e teórico de aritmética* apareceu em 1824. Veja-se o livro *Allan Kardec: o educador e o codificador*, organizado por Zêus Wantuil, cap. 14, FEB, 2019.

do Liceu Polimático, lecionando nas cadeiras de Fisiologia, Astronomia, Química e Física. Em uma obra muito apreciada ele resume seus cursos, e depois publica: *Ditados normais dos exames na Municipalidade e na Sorbonne*; *Ditados especiais sobre as dificuldades ortográficas*.

Tendo sido essas diversas obras adotadas pela Universidade de França, e vendendo-se abundantemente, o Sr. Rivail pôde conseguir, graças a elas e ao seu assíduo trabalho, uma modesta abastança. Como se pode julgar por esta muito rápida exposição, o Sr. Rivail estava admiravelmente preparado para a espinhosa tarefa que ia desempenhar e fazer triunfar. Seu nome era conhecido e respeitado, seus trabalhos justamente apreciados, muito antes que ele imortalizasse o nome de Allan Kardec.

Prosseguindo em sua carreira pedagógica, o Sr. Rivail poderia viver feliz, honrado e tranquilo, com sua fortuna reconstituída, graças ao trabalho perseverante e ao brilhante êxito que lhe coroara os esforços, mas a sua missão o chamava a uma tarefa mais sacrificial, a uma obra maior e, como muitas vezes teremos oportunidade de evidenciar, ele sempre se mostrou à altura da gloriosa missão que lhe estava reservada. Suas tendências e aspirações o teriam impelido para o misticismo, mas a educação, o juízo reto e a observação metódica o resguardaram dos entusiasmos irracionais e das negações não justificadas.

Ainda cedo o Sr. Rivail se ocupou com os fenômenos do magnetismo. Ele tinha no máximo 19 anos quando, em 1823, se sentiu impelido a estudar as fases do sonambulismo, cujos mistérios perturbadores eram tidos por ele no mais alto interesse. Foi, pois, com perfeito conhecimento de causa que ele escreveu, um dia, na sua *Revista Espírita* de março de 1858 [Magnetismo e Espiritismo]:

"O magnetismo preparou o caminho do Espiritismo, e o rápido progresso desta última doutrina se deve, incontestavelmente, à vulgarização das ideias sobre a primeira. Dos fenômenos magnéticos, do sonambulismo e do êxtase às manifestações espíritas não há mais que um passo; tal é sua conexão que, por assim dizer, torna-se impossível falar de um sem falar do outro. Se tivéssemos que ficar fora da ciência magnética, nosso quadro seria incompleto e poderíamos ser comparados a um professor de Física que se abstivesse de falar da luz. Todavia, como entre nós o magnetismo já possui órgãos especiais justamente acreditados, seria supérfluo insistirmos sobre um assunto que é tratado com tanta superioridade de talento e de experiência; a ele, pois, não nos referiremos senão acessoriamente, mas de maneira suficiente para mostrar as relações íntimas entre essas duas ciências que, a bem da verdade, não passam de uma."

Contudo, não nos antecipemos; ainda não chegamos lá. Allan Kardec ainda não encontrou o caminho glorioso que o conduzirá à imortalidade.

PRIMEIROS CONTATOS COM O ESPIRITISMO

Foi em 1854 que o Sr. Rivail ouviu falar pela primeira vez das mesas girantes, a princípio pelo Sr. Fortier, magnetizador, com o qual mantinha relações em razão dos seus estudos sobre o magnetismo. O Sr. Fortier lhe disse um dia:

"Eis uma coisa muito mais extraordinária; não só se consegue que uma mesa se mova, magnetizando-a, como também que fale. Interrogada, ela responde." "Isto agora", repliquei-lhe, "é outra questão. Só acreditarei quando o vir e quando me provarem que uma mesa tem cérebro para pensar, nervos para sentir e que possa tornar-se sonâmbula. Até lá, permita que eu não veja no caso mais que um conto da carochinha."

Tal era no início o estado de espírito do Sr. Rivail, tal o encontraremos muitas vezes, não negando coisa alguma por *parti pris*, mas pedindo provas e querendo ver e observar para crer; tais nos devemos mostrar sempre no estudo tão cativante das manifestações do Além.

Até agora não vos falei senão do Sr. Rivail, professor emérito, autor pedagógico de renome, mas, nessa época de sua vida, de 1854 a 1856, um novo horizonte se rasga para esse pensador profundo, para esse sagaz observador. Então o nome de Rivail se apaga pouco a pouco para ceder lugar ao de Allan Kardec, que a fama levará a todos os cantos do globo, os ecos repetirão e todos os nossos corações idolatram.

Eis aqui como Allan Kardec nos confessa as suas dúvidas, as suas hesitações e também a sua iniciação no Espiritismo:

"Eu estava, pois, diante de um fato não explicado, aparentemente contrário às Leis da Natureza e que a minha razão repelia. Ainda nada vira, nem observara; as experiências, realizadas em presença de pessoas honradas e dignas de fé, confirmavam a minha opinião quanto à possibilidade do efeito puramente material, mas a ideia de uma mesa *falante* ainda não me entrara na mente.

Em meados do ano seguinte — 1855 — encontrei-me com o Sr. Carlotti, amigo de 25 anos, que me falou daqueles fenômenos durante cerca de uma hora, com o entusiasmo que consagrava a todas as ideias novas. Ele era natural da Córsega, de temperamento ardoroso e enérgico, e eu sempre apreciara nele as qualidades que distinguem uma grande e bela alma, porém desconfiava da sua exaltação. Foi o primeiro que me falou da intervenção dos Espíritos e me contou tantas coisas surpreendentes que, longe de me convencer, aumentou mais ainda as minhas dúvidas. 'Um dia, o senhor será dos nossos', concluiu. 'Não direi que não', respondi-lhe: 'veremos isso mais tarde.'

Passado algum tempo, lá pelo mês de maio de 1855, fui à casa da sonâmbula Sra. Roger, em companhia do Sr. Fortier, seu magnetizador. Ali encontrei o Sr. Pâtier e a Sra. Plainemaison, que me falaram daqueles fenômenos no mesmo sentido em que o Sr. Carlotti se pronunciara, mas em tom muito diverso. O Sr. Pâtier era funcionário público, já de certa idade, muito instruído, de caráter grave, frio e calmo; sua linguagem pausada, isenta de todo entusiasmo, produziu em mim viva impressão e, quando me convidou a assistir às experiências que se realizavam em casa da Sra. Plainemaison, à rua Grange-Batelière, 18, aceitei imediatamente. A reunião foi marcada para terça-feira de maio,[16] às oito horas da noite.

Foi aí que, pela primeira vez, presenciei o fenômeno das mesas que giravam, saltavam e corriam em condições tais que não deixavam lugar para qualquer dúvida. Assisti também a alguns ensaios, muito imperfeitos, de escrita mediúnica numa ardósia, com o auxílio de uma cesta. Minhas ideias estavam longe de precisar-se, mas havia ali um fato que necessariamente

---

[16] Nota do original francês: A data ficou em branco no manuscrito.

decorria de uma causa. Eu entrevia, naquelas aparentes futilidades, no passatempo que faziam daqueles fenômenos, qualquer coisa de sério, como que a revelação de uma nova lei, que tomei a mim estudar a fundo.

Bem depressa se me apresentaram outras oportunidades para observar os fatos com mais atenção, como ainda não o havia feito. Numa das reuniões da Sra. Plainemaison, travei conhecimento com a família Baudin, que residia então à rua Rochechouart. O Sr. Baudin me convidou para assistir às sessões semanais que se realizavam em sua casa e às quais me tornei, desde logo, muito assíduo.

[...] Foi nessas reuniões que comecei os meus estudos sérios de Espiritismo, menos, ainda, por meio de revelações, do que de observações. Apliquei, a essa nova ciência, como fizera até então, o método experimental; nunca elaborei teorias preconcebidas; observava cuidadosamente, comparava, deduzia consequências; a partir dos efeitos procurava remontar às causas, por dedução e pelo encadeamento lógico dos fatos, não admitindo por válida uma explicação, senão quando podia resolver todas as dificuldades da questão. Foi assim que procedi sempre em meus trabalhos anteriores, desde a idade de quinze ou dezesseis anos. Compreendi, antes de tudo, a gravidade da exploração que ia empreender; percebi, naqueles fenômenos, a chave do problema tão obscuro e tão controvertido do passado e do futuro da Humanidade, a solução que eu procurara em toda a minha vida. Era, em suma, toda uma revolução nas ideias e nas crenças: era preciso, portanto, andar com a maior circunspeção, e não levianamente; ser positivista, e não idealista, para não me deixar iludir.

Um dos primeiros resultados que colhi das minhas observações foi que os Espíritos, nada mais sendo do que as almas dos homens, não possuíam nem a plena sabedoria, nem a ciência integral; que o saber de que dispunham se limitava ao grau de adiantamento que haviam alcançado, e que a opinião deles só tinha o valor de uma opinião pessoal. Reconhecida desde o princípio, esta verdade me preservou do grave escolho de crer na infalibilidade dos Espíritos e me impediu de formular teorias imaturas, tendo por base o que fora dito por um ou alguns deles.

O simples fato da comunicação com os Espíritos, dissessem eles o que dissessem, provava a existência do mundo invisível ambiente. Já era um ponto essencial, um imenso campo aberto às nossas explorações, a chave de inúmeros fenômenos até então sem explicação. O segundo ponto, não menos importante, era que aquela comunicação nos permitia conhecer o estado desse mundo, seus costumes, se assim nos podemos exprimir. Logo vi que cada Espírito, em virtude da sua posição pessoal e de seus conhecimentos, me desvendava uma face daquele mundo, do mesmo modo como se chega a conhecer o estado de um país, interrogando habitantes seus de todas as classes e de todas as condições, visto que cada um nos pode ensinar alguma coisa, não podendo um só, individualmente, informar-nos de tudo. Cabe ao observador formar o conjunto, por meio dos documentos colhidos de diferentes lados, cotejados, coordenados e comparados uns com os outros. Conduzi-me, pois, com os Espíritos, como o teria feito com homens. Para mim, eles foram, do menor ao maior, meios de me informar, e não *reveladores predestinados*."

A estas informações, colhidas nas *Obras póstumas* de Allan Kardec [Segunda Parte — A minha iniciação no Espiritismo], convém acrescentar que a princípio o Sr. Rivail, longe de ser um entusiasta dessas manifestações e absorvido por outras ocupações, esteve a ponto de abandoná-las, o que talvez tivesse feito se não fossem as insistentes solicitações dos Srs. Carlotti, René Taillandier, membro da Academia das Ciências, Tiedeman-Manthèse, Sardou, pai e filho, e Didier, editor, que acompanhavam havia cinco anos o estudo desses fenômenos e tinham reunido *cinquenta cadernos de comunicações diversas*, que não conseguiam pôr em ordem. Conhecendo as vastas e raras aptidões de síntese do Sr. Rivail, esses senhores lhe enviaram os cadernos, pedindo-lhe que tomasse conhecimento deles e os ordenasse. Este trabalho era árduo e exigia muito tempo, em virtude das lacunas e obscuridades que as comunicações apresentavam, de modo que o sábio enciclopedista relutava em aceitar essa tarefa enfadonha e absorvente, em razão de outros trabalhos.

Certa noite, seu Espírito protetor, Z, deu-lhe por um médium uma comunicação toda pessoal, na qual lhe dizia, entre outras coisas, tê-lo conhecido em uma precedente existência, quando, ao tempo dos druidas, viviam juntos nas Gálias. Ele se chamava, então, Allan Kardec, e, como a amizade que lhe votara só fazia aumentar, prometia-lhe esse Espírito secundá-lo na tarefa muito importante a que ele era chamado, e que facilmente levaria a termo.

O Sr. Rivail lançou-se, pois, à obra: tomou os cadernos, anotou-os com cuidado. Após atenta leitura, suprimiu as repetições e ordenou cada ditado, cada relatório de sessão, assinalando as lacunas a preencher, as obscuridades a aclarar, e preparando as perguntas necessárias para chegar a esse resultado.

O LIVRO DOS ESPÍRITOS

"Até então, diz ele próprio, as sessões em casa do Sr. Baudin não tinham tido nenhum fim determinado. Tentei lá obter a resolução dos problemas que me interessavam, do ponto de vista da Filosofia, da Psicologia e da natureza do mundo invisível. Levava para cada sessão uma série de perguntas preparadas e metodicamente dispostas. Eram sempre respondidas com precisão, profundeza e lógica. A partir de então, as sessões assumiram caráter muito diverso. Entre os assistentes, contavam-se pessoas sérias, que tomaram por elas vivo interesse e, se me acontecia faltar, ficavam sem saber o que fazer. As perguntas fúteis haviam perdido, para a maioria, todo atrativo. Eu, a princípio, cuidara apenas de instruir-me; mais tarde, quando vi que aquilo constituía um todo e ganhava as proporções de uma doutrina, tive a ideia de publicar os ensinos recebidos, para instrução de toda gente. Foram aquelas mesmas questões que, sucessivamente desenvolvidas e completadas, constituíram a base de O *livro dos espíritos*.

Em 1856, o Sr. Rivail frequentou as reuniões espíritas que se realizavam à rua Tiquetone, em casa do Sr. Roustan, com a Srta. Japhet, sonâmbula, que obtinha como médium comunicações muito interessantes, com o auxílio de uma cesta de bico; fez examinar por esse médium as comunicações obtidas e postas em ordem precedentemente. Esse trabalho foi efetuado, a princípio, nas sessões ordinárias; mas, a pedido dos Espíritos, e para que fosse consagrado mais cuidado, mais atenção a esse exame, ele foi continuado em sessões particulares.

Não me contentei, no entanto, com essa verificação, diz Allan Kardec; os Espíritos assim me haviam recomendado.

Biografia de ALLAN KARDEC

Tendo-me as circunstâncias posto em relação com outros médiuns, sempre que se apresentava ocasião, eu a aproveitava para propor algumas das questões que me pareciam mais espinhosas. Foi assim que mais de dez médiuns prestaram concurso a esse trabalho. Da comparação e da fusão de todas as respostas, coordenadas, classificadas e muitas vezes retocadas no silêncio da meditação, foi que elaborei a primeira edição de *O livro dos espíritos*, entregue à publicidade em 18 de abril de 1857.

Esse livro era em formato grande, in-4, em duas colunas, uma para as perguntas e outra, ao lado, para as respostas. No momento de publicá-lo, o autor ficou muito embaraçado em resolver como o assinaria, se com o seu nome — Denizard-Hippolyte-Léon Rivail, ou com um pseudônimo. Sendo o seu nome muito conhecido do mundo científico, em virtude dos seus trabalhos anteriores, e podendo gerar confusão, talvez mesmo prejudicar o êxito do empreendimento, ele adotou o partido de o assinar com o nome de Allan Kardec, que, segundo lhe revelou o guia, ele tivera ao tempo dos druidas.

A obra alcançou tal sucesso que a primeira edição esgotou-se rapidamente. Allan Kardec a reeditou em 1860,[17,18] sob a forma atual in-12, revista, corrigida e consideravelmente aumentada.

No dia 25 de março de 1856 estava Allan Kardec em seu gabinete de trabalho, compulsando as comunicações e preparando *O livro dos espíritos*, quando ouviu pancadas repetidas

---

[17] Nota de Henri Sausse: A 2ª edição apareceu em março de 1860, a 3ª em agosto de 1860 e a 4ª em fevereiro de 1861, ou seja, três edições em menos de um ano.

[18] Nota do tradutor: A 2ª edição foi impressa em 1860, como citamos, e não em 1858, como consta no original francês.

ressoarem na parede; como não descobrisse a causa do fenômeno, voltou ao trabalho. Sua mulher, entrando cerca das dez horas, ouviu os mesmos ruídos; procuraram, mas sem resultado, de onde eles podiam provir. O Sr. e a Sra. Kardec moravam, então, à rua de Martyrs, nº 8, no segundo andar, ao fundo.

No dia seguinte, como houvesse sessão em casa do Sr. Baudin — escreve Allan Kardec — narrei o fato e pedi que mo explicassem.

P. – Ouviste, sem dúvida, o relato que acabo de fazer; poderias dizer qual a causa daquelas pancadas, que ouvi com tanta persistência?

R. – Era o teu Espírito familiar.

P. – Com que objetivo ele foi bater daquele modo?

R. – Queria comunicar-se contigo.

P. – Poderias dizer-me quem é ele e o que queria de mim?

R. – Podes perguntar a ele mesmo, pois que está aqui.

P. – Meu Espírito familiar, quem quer que sejas, agradeço-te por me teres vindo visitar. Poderias dizer-me quem és?

R. – Para ti, chamar-me-ei *A Verdade*. Todos os meses, durante um quarto de hora, estarei aqui à tua disposição.

P. – Ontem, quanto bateste, estando eu a trabalhar, tinhas alguma coisa de particular a me dizer?

R. – O que eu tinha a dizer-te era sobre o trabalho que fazias; desagradava-me o que escrevias e quis fazer que o abandonasses.

OBSERVAÇÃO – O que eu estava escrevendo dizia respeito, precisamente, aos estudos que fazia acerca dos Espíritos e de suas manifestações.

P. – A tua desaprovação se referia ao capítulo que eu escrevia ou ao conjunto do trabalho?

R. – Ao capítulo de ontem; submeto-o ao teu juízo; se o releres esta noite, reconhecerás tuas faltas e as corrigirás.

P. – Eu mesmo não me sentia satisfeito com esse capítulo e o refiz hoje. Está melhor?

R. – Está melhor, mas ainda não satisfaz. Relê da 3ª à 30ª linha e depararás com um grave erro.

P. – Rasguei o que escrevera ontem.

R. – Não importa. Isso não impediu que a falta continuasse. Relê e verás.

P. – O nome de *Verdade*, que adotaste, é uma alusão à verdade que procuro?

R. – Talvez; pelo menos é um guia que te protegerá e ajudará.

P. – Poderei evocar-te em minha casa?

R. – Sim, para te assistir pelo pensamento; mas, para respostas escritas em tua casa, só daqui a muito tempo poderás obtê-las.

P. – Poderias vir com mais frequência, e não apenas de mês em mês?

R. – Sim, mas não prometo senão uma vez por mês, até nova ordem.

P. – Terás animado na Terra alguma personagem conhecida?

R. – Já te disse que, para ti, sou a Verdade; isto, para ti, quer dizer discrição; nada mais saberás a respeito.

De regresso a casa, Allan Kardec apressou-se em reler o que escrevera e pôde constatar o grave erro que de fato havia cometido. O intervalo de um mês, que havia sido fixado para cada comunicação do Espírito *Verdade*, só raramente foi observado.

Ele se manifestou frequentemente a Allan Kardec, mas não em sua casa, onde durante cerca de um ano não pôde este receber nenhuma comunicação por médium algum, pois cada vez que ele esperava receber alguma coisa era impedido por uma causa qualquer e imprevista, que a isso se vinha opor.

Foi a 30 de abril de 1856, em casa do Sr. Roustan, pela médium Srta. Japhet, que Allan Kardec recebeu a primeira revelação da missão que tinha a desempenhar. Esse aviso, a princípio muito vago, foi indicado com precisão no dia 12 de junho de 1856, por intermédio da Srta. Aline C., médium. A 6 de maio de 1857, a Sra. Cardonne, pela inspeção das linhas da mão de Allan Kardec, confirmou as duas comunicações precedentes, que ela ignorava. Finalmente, a 12 de abril de 1860, em casa do Sr. Dehau, sendo intermediário o Sr. Crozet, médium, essa missão foi novamente confirmada em uma comunicação espontânea, obtida na ausência de Allan Kardec.

Assim também sucedeu com relação ao seu pseudônimo. Numerosas comunicações, procedentes dos mais diversos pontos, vieram reafirmar e corroborar a primeira comunicação obtida a esse respeito." (*O que é o espiritismo*, "Biografia de Allan Kardec", por Henri Sausse, FEB).

REVISTA ESPÍRITA

Impelido pelos acontecimentos e pelos documentos que tinha em seu poder, Allan Kardec havia formado, em razão do êxito de *O livro dos espíritos*, o projeto de criar um jornal espírita. Para tanto, dirigira-se ao Sr. Tiedeman, a fim de solicitar-lhe o concurso pecuniário, mas este não estava resolvido a tomar parte nessa empresa. Allan Kardec perguntou aos seus guias, no dia 15 de novembro de 1857, por intermédio da Srta. E. Dufaux, o que deveria fazer. Foi-lhe respondido que pusesse a ideia em execução e que não se inquietasse com o resto.

"Apressei-me a redigir o primeiro número, diz Allan Kardec, fazendo-o circular a 1º de janeiro de 1858, sem haver dito nada a quem quer que fosse. Não tinha nenhum assinante e nenhum sócio ou investidor. Publiquei-o, correndo eu, exclusivamente, todos os riscos e não tive do que me arrepender, porquanto o sucesso ultrapassou a minha expectativa. A partir daquela data, os números se sucederam sem interrupção e, como previra o Espírito, esse jornal se tornou poderoso auxiliar meu. Reconheci mais tarde que fora para mim uma felicidade não ter tido quem me patrocinasse financeiramente, pois assim me conservava mais livre, ao passo que outro interessado talvez tivesse querido impor-me suas ideias e sua vontade, criando-me embaraços. Sozinho, eu não tinha que prestar contas a ninguém, embora, pelo que respeitava ao trabalho, me fosse pesada a tarefa.

E essa tarefa devia ir sempre crescendo em labor e em responsabilidades, em lutas incessantes contra obstáculos, emboscadas, perigos de toda sorte. À medida, porém, que a dificuldade se tornava maior, a luta mais áspera, esse enérgico trabalhador se elevava, também, à altura dos acontecimentos, que nunca o surpreenderam; e durante onze anos, nessa *Revista Espírita*, que acabamos de ver como começou tão modestamente, ele afrontou todas as tempestades, todas as emulações, todos os ciúmes que não lhe foram poupados, como ele mesmo relata e como lhe fora anunciado ao lhe ser revelada a sua missão. Essa comunicação e as reflexões as quais anotou Allan Kardec nos mostram, sob um prisma pouco lisonjeiro, a situação naquela época, mas fazem também ressaltar o grande valor do fundador do Espiritismo e o seu mérito em ter sabido triunfar.

Médium, Srta. Aline C. — 12 de junho de 1856:

P. – Que causas poderiam determinar o meu fracasso? Seria a insuficiência das minhas aptidões?

R. – Não; mas a missão dos reformadores é cheia de escolhos e perigos. Previno-te de que a tua é rude, visto que se trata de abalar e transformar o mundo inteiro. Não suponhas que te baste publicar um livro, dois livros, dez livros, para em seguida ficares tranquilamente em casa. Tens que expor a tua pessoa. Suscitarás contra ti ódios terríveis; inimigos obstinados se conjurarão para a tua perda; serás alvo da malevolência, da calúnia e da traição mesma dos que te parecerão os mais dedicados; as tuas melhores instruções serão desprezadas e falseadas; por mais de uma vez sucumbirás sob o peso da fadiga; numa palavra: terás de sustentar uma luta quase contínua, com sacrifício do teu repouso, da tua tranquilidade, da tua saúde e até da tua vida, pois, sem isso, viverias muito mais tempo. Pois bem! Não poucos recuam quando, em vez de uma estrada florida, só veem sob os passos urzes, pedras agudas e serpentes. Para tais missões, não basta a inteligência. Para agradar a Deus é preciso, antes de tudo, humildade, modéstia e desinteresse, visto que Ele abate os orgulhosos, os presunçosos e os ambiciosos. Para lutar contra os homens, são indispensáveis coragem, perseverança e inabalável firmeza. Também são necessários prudência e tato, a fim de conduzir as coisas de modo conveniente e não lhes comprometer o sucesso com palavras ou medidas intempestivas. Exigem-se, por fim, devotamento, abnegação e disposição a todos os sacrifícios.

Como vês, a tua missão está subordinada a condições que dependem de ti. — Espírito Verdade.

Observação – (É Allan Kardec que assim se exprime): 'Escrevo esta nota a 1º de janeiro de 1867, dez anos e meio depois que me foi dada a comunicação acima, e constato que ela se realizou em todos os pontos, pois experimentei todas as vicissitudes que me foram anunciadas. Fui alvo do ódio de inimigos obstinados, da injúria, da calúnia, da inveja e do ciúme; libelos infames se publicaram contra mim; as minhas melhores instruções foram deturpadas; fui traído por aqueles em quem mais confiança eu depositava, pago com ingratidão por aqueles a quem prestei serviços. A Sociedade de Paris se constituiu em foco de contínuas intrigas urdidas contra mim por aqueles mesmos que, de boa fisionomia na minha presença, pelas costas me golpeavam. Disseram que aqueles que se conservavam fiéis a mim eram pagos com o dinheiro que eu recolhia do Espiritismo. Nunca mais conheci o repouso; mais de uma vez sucumbi ao excesso de trabalho, tive abalada a saúde e comprometida a existência.

Graças, porém, à proteção e assistência dos Espíritos bons, que incessantemente me deram manifestas provas de solicitude, tenho a ventura de reconhecer que nunca senti o menor desfalecimento ou desânimo e que prossegui, sempre com o mesmo ardor, no desempenho da minha tarefa, sem me preocupar com a maldade de que era objeto. Segundo a comunicação do Espírito Verdade, eu tinha de contar com tudo isso e tudo se verificou.'

Quando se conhecem todas as lutas, todas as torpezas de que Allan Kardec foi alvo, quanto ele se engrandece aos nossos olhos e como o seu brilhante triunfo adquire mérito e esplendor! Que se tornaram esses invejosos, esses pigmeus que procuravam barrar-lhe o caminho? Na maior parte são desconhecidos, ou não despertam mais recordação alguma; o esquecimento tomou conta deles e os sepultou para sempre em suas sombras, enquanto o nome de Allan Kardec, o intrépido lutador, o pioneiro ousado, passou à posteridade com a sua auréola de glória tão legitimamente conquistada." (*O que é o espiritismo*, "Biografia de Allan Kardec", por Henri Sausse, FEB.)

Eis como Allan Kardec encarava a luta para o triunfo do Espiritismo e como ele queria, pregando pelo exemplo, que os espíritas respondessem aos ataques dos adversários da Doutrina:

POLÊMICA ESPÍRITA

Revista Espírita, novembro de 1858 – "Várias vezes já nos perguntaram por que não respondemos, em nosso jornal, aos ataques de certas folhas, dirigidos contra o Espiritismo em geral, contra seus partidários e, por vezes, contra nós. Acreditamos que o silêncio, em certos casos, é a melhor resposta. Aliás, há um gênero de polêmica do qual tomamos por norma nos abstermos: é aquela que pode degenerar em personalismo; não somente ela nos repugna, como nos tomaria um tempo que podemos empregar mais utilmente, o que seria muito pouco interessante para os nossos leitores, que assinam a revista para se instruírem, e não para ouvirem diatribes mais ou menos espirituosas. Ora, uma vez engajado nesse caminho, difícil seria dele sair, razão por que preferimos nele não entrar, com o que o Espiritismo só tem a ganhar em dignidade. Até agora só temos que aplaudir a nossa moderação, da qual não nos desviaremos, e jamais daremos satisfação aos amantes do escândalo.

[...]

Notemos ainda que, entre os críticos, há muitas pessoas que falam sem conhecimento de causa, sem se darem ao trabalho de a aprofundar. Para lhes responder seria necessário recomeçar incessantemente as mais elementares explicações e repetir aquilo que já escrevemos, providência que julgamos inútil. Já o mesmo não acontece com os que estudaram e nem tudo compreenderam, com os que querem seriamente esclarecer-se e com os que levantam objeções de boa-fé e com conhecimento de causa; nesse terreno aceitamos a controvérsia, sem nos gabarmos de resolver todas as dificuldades, o que seria muita presunção de nossa parte. A ciência espírita dá os seus primeiros passos e ainda não nos revelou todos os seus segredos, por maiores que sejam as maravilhas que nos tenha desvendado. Qual a ciência que não tem ainda fatos misteriosos e inexplicados? *Confessamos, pois, sem nos envergonharmos, nossa insuficiência sobre todos os pontos que ainda não nos é possível explicar.* Assim, longe de repelir as objeções e os questionamentos, nós os solicitamos, contanto que não sejam ociosos, nem nos façam perder o tempo com futilidade, pois que representam um meio de nos esclarecermos. (Grifo nosso.)

É a isso que chamamos polêmica útil, e o será sempre quando ocorrer entre pessoas sérias que se respeitam bastante para não se afastarem das conveniências. Podemos pensar de modo diverso, sem, por isso, deixar de nos estimarmos."

DIATRIBES

Revista Espírita, março de 1859: "[...] temos pouco a dizer quanto ao que nos toca pessoalmente; se aqueles que nos atacam, quer de maneira ostensiva, quer disfarçada, imaginam que nos perturbam, perdem seu tempo; se pensam em nos barrar o caminho, enganam-se do mesmo modo, pois nada pedimos e apenas aspiramos a nos tornar úteis, no limite das forças que Deus nos concedeu. Por mais modesta que seja a nossa posição, contentamo-nos com aquilo que para muitos seria mediocridade; não ambicionamos posição, nem honras, nem fortuna; não procuramos o mundo nem os seus prazeres; o que não podemos ter não nos causa nenhum desgosto e o vemos com a mais completa indiferença. Visto não fazerem parte dos nossos gostos, não invejamos aqueles que possuem tais vantagens, se vantagens há, o que a nossos olhos é um problema, porquanto os prazeres efêmeros deste mundo não asseguram um melhor lugar no outro; pelo contrário. Nossa vida é toda de labor e de estudo e consagramos ao trabalho até os momentos de repouso. Aí nada há que cause inveja. Como tantos outros, trazemos a nossa pedra ao edifício que se levanta; entretanto, coraríamos se disso fizéssemos um degrau para alcançar o que quer que fosse. Que outros tragam mais pedras que nós; que outros trabalhem tanto e melhor que nós e os veremos com sincera alegria. *O que queremos, antes de tudo, é o triunfo da verdade, venha de onde vier,* pois não temos a pretensão de ver sozinho a luz; se disso deve resultar alguma glória, o campo a todos está aberto e estenderemos a mão a quantos nesta rude caminhada nos seguirem com lealdade, abnegação e sem segundas intenções particulares. (Grifo nosso.)

Sabíamos muito bem que, empunhando abertamente o estandarte das ideias de que nos fizemos propagadores e afrontando preconceitos, atrairíamos inimigos, sempre prontos a desferir dardos envenenados contra quem quer que levante a cabeça e se ponha em evidência. Há, entretanto, uma diferença capital entre eles e nós: não lhes desejamos o mal que nos procuram fazer, porque compreendemos a fragilidade humana e é somente nisso que a eles nos julgamos superior; nós nos rebaixamos pela inveja, pelo ódio, pelo ciúme e por todas as paixões mesquinhas, mas nos elevamos pelo esquecimento das ofensas: eis a moral espírita. Não vale ela mais do que a das pessoas que dilaceram o próximo? Ela nos foi ditada pelos Espíritos que nos assistem e por aí podemos julgar se eles são *bons* ou *maus*. A moral espírita mostra-nos as coisas do alto tão grandiosas e as de baixo tão pequenas que não podemos senão lamentar os que voluntariamente se torturam para proporcionar a si mesmos alguma satisfação efêmera ao seu amor-próprio."

SOCIEDADE PARISIENSE DE ESTUDOS ESPÍRITAS

A Sociedade Parisiense de Estudos Espíritas foi fundada a 1º de abril de 1858. Até então, as reuniões se realizavam em casa de Allan Kardec, à rua dos Mártires, com a Srta. E.

Dufaux, como principal médium; o seu salão poderia conter de quinze a vinte pessoas, mas logo ali se juntavam mais de trinta. Tornando-se, então, esse local muito acanhado e não querendo onerar Allan Kardec com todos os encargos, alguns dos assistentes se propuseram a formar uma sociedade espírita e a alugar um outro local em que se efetuassem as reuniões. Todavia era preciso, para poderem reunir-se, obter o reconhecimento e a autorização da Polícia. O Sr. Dufaux, que conhecia perfeitamente o chefe de polícia de então, encarregou-se das providências para esse fim, e, graças ao Ministro do Interior, o general X...,[19] que era favorável às novas ideias, a autorização foi obtida em quinze dias, enquanto pelo processo ordinário teria exigido meses, sem grande probabilidade de êxito.

"A Sociedade ficou, em consequência, legalmente constituída e passamos a reunir-nos todas as terças-feiras na sala que ela alugara, no Palais Royal, galeria de Valois. Aí esteve um ano, de 1º de abril de 1858 a 1º de abril de 1859. Impossibilitada de lá permanecer por mais tempo, passou a reunir-se às sextas-feiras num dos salões do restaurante Douix, no mesmo Palais Royal, galeria Montpensier, de 1º de abril de 1859 a 1º de abril de 1860, época em que se instalou em local de sua propriedade, à rua e passagem Sainte-Anne, nº 59." (*Obras póstumas*, Segunda Parte — "Fundação da Sociedade Espírita de Paris".)

---

[19] Nota do tradutor: Trata-se do general Charles-Marie-Esprit Espinasse, Ministro do Interior e da Segurança Geral do governo imperial de Napoleão III. Veja-se o artigo de Enrique Eliseo Baldovino, intitulado: "Identidade revelada após 150 anos", em *Reformador* de abril de 2008.

Depois de haver dado conta das condições em que se formou a Sociedade e da tarefa que teve a desempenhar, Allan Kardec assim se exprime:

Revista Espírita, julho de 1859: "Dei às minhas funções, que posso dizer laboriosas, toda a exatidão e todo o devotamento de que fui capaz. Do ponto de vista administrativo, esforcei--me por manter nas sessões uma ordem rigorosa e lhes dar um caráter de gravidade, sem o qual o prestígio de assembleia séria logo teria desaparecido. Agora que minha tarefa está terminada e que o impulso foi dado, devo comunicar-vos a resolução que tomei, de futuramente renunciar a qualquer tipo de função na Sociedade, mesmo a de diretor de estudos. Não ambiciono senão um título: o de simples membro titular, com o qual me sentirei sempre honrado e feliz. O motivo de minha determinação está na multiplicidade de meus trabalhos, que aumentam diariamente pela extensão de minhas relações, considerando-se que, além daqueles que conheceis, preparo outros mais consideráveis, que exigem longos e laboriosos estudos e por certo não absorverão menos de dez anos. Ora, os trabalhos da Sociedade não deixam de tomar muito tempo, tanto na preparação quanto na coordenação e na redação final. Além disso, reclamam uma assiduidade por vezes prejudicial às minhas ocupações pessoais e tornam indispensável a iniciativa quase exclusiva que me conferistes. É por essa razão, senhores, que tantas vezes tive de tomar a palavra, lamentando que os membros eminentemente esclarecidos que possuímos nos privassem de suas luzes. Há muito eu desejava demitir-me de minhas funções; deixei isso bastante claro em diversas circunstâncias, seja aqui, seja em particular, a vários de meus colegas, notadamente ao Sr. Ledoyen. Tê-lo-ia feito mais cedo, sem receio de trazer perturbação à Sociedade, retirando-me ao meio do ano, mas poderia parecer uma defecção, além do que me veria obrigado a dar satisfação aos nossos adversários. Tive, pois, de cumprir a minha tarefa até o fim. Hoje, porém, que tais motivos não mais subsistem, apresso-me em vos dar parte de minha resolução, a fim de não entravar a escolha que fareis. É justo que cada um participe dos encargos e das honras." ("S.P.E.E. — Discurso de encerramento do ano social 1858–1859".)

Apressemo-nos a acrescentar que essa demissão não foi aceita e que Allan Kardec foi eleito quase por unanimidade, menos um voto e uma cédula em branco. Diante desse testemunho de simpatia, ele se submeteu e se conservou em suas funções.

VIAGEM ESPÍRITA EM 1860

Em setembro de 1860, Allan Kardec fez uma viagem de propaganda à nossa região. Eis aqui como a ela se referiu na Sociedade Parisiense de Estudos Espíritas:

Revista Espírita, novembro de 1860: "O Sr. Allan Kardec relata o resultado da viagem que acaba de fazer no interesse do Espiritismo e se congratula pela cordialidade da acolhida que recebeu por toda parte, principalmente em Sens, Mâcon, Lyon e Saint-Étienne. Em todos os locais onde se deteve pôde constatar os progressos consideráveis da Doutrina; mas o que, sobretudo, é digno de nota é que em parte alguma viu fazerem dela uma distração. Por toda parte se ocupam do

Espiritismo de modo sério e lhes compreendem o alcance e as consequências futuras. É possível que ainda haja muitos oponentes, dos quais os mais obstinados são os interesseiros, mas os trocistas diminuem sensivelmente. Vendo que seus sarcasmos não atraem os brincalhões para o seu lado, e que estes mais favorecem do que entravam o progresso das crenças novas, começam a compreender que nada ganham e desperdiçam o espírito em pura perda, razão por que se calam. Uma expressão muito característica aparece, por toda parte, na ordem do dia: *O Espiritismo está no ar*; por si só ela descreve bem o estado das coisas. Mas é principalmente em Lyon que os resultados são mais notáveis. Ali os espíritas são numerosos em todas as classes e, na classe operária, eles se contam por centenas. A Doutrina Espírita tem exercido, entre os operários, a mais salutar influência do ponto de vista da ordem, da moral e das ideias religiosas. Em resumo, a propagação do Espiritismo marcha com a mais encorajadora rapidez." ("Boletim da S.P.E.E., de 5 de outubro de 1860".)

No decurso dessa viagem, Allan Kardec pronunciou um discurso magistral, no banquete realizado em 19 de setembro de 1860. Eis aqui algumas passagens capazes de nos interessar, a nós que aspiramos a substituir dignamente esses trabalhadores da primeira hora:

"A primeira coisa que me impressionou foi o número de adeptos. Eu bem sabia que Lyon os contava em grande número, mas estava longe de suspeitar que fosse tão considerável, pois são contados às centenas e logo, espero, não se poderá mais contá-los. Mas se Lyon se distingue pelo número, não o faz menos pela qualidade, o que é ainda melhor. Por toda parte só encontrei espíritas sinceros, que compreendem a Doutrina sob seu verdadeiro ponto de vista.

Há, senhores, três categorias de adeptos: os que se limitam a acreditar na realidade das manifestações e que, antes de mais, buscam os fenômenos. Para eles o Espiritismo é uma série de fatos mais ou menos impressionantes.

Os segundos veem algo mais do que fatos; compreendem o seu alcance filosófico; admiram a moral que dele resulta, mas não a praticam. Para eles a caridade moral é uma bela máxima, e eis tudo.

Os terceiros, enfim, não se contentam em admirar a moral: praticam-na e aceitam todas as suas consequências. Bem convencidos de que a existência terrena é uma prova passageira, tratam de aproveitar esses curtos instantes para marchar na senda do progresso que lhes traçam os Espíritos, esforçando-se por fazer o bem e reprimir suas inclinações más. Suas relações são sempre seguras, porque suas convicções os afastam de todo pensamento do mal. *Em tudo a caridade lhes é regra de conduta.* (Grifo nosso.) São estes os *verdadeiros espíritas*, ou melhor, os *espíritas-cristãos*.

Muito bem, senhores! Eu vos digo com satisfação que aqui não encontrei nenhum adepto da primeira categoria. Em parte alguma vi se ocuparem do Espiritismo por mera curiosidade, ou se servirem das comunicações para assuntos fúteis. Em toda parte o objetivo é nobre, as intenções honestas e, a crer no que vejo e no que me dizem, há muitos da terceira categoria. Honra, pois, aos espíritas lioneses, por haverem tão generosamente penetrado essa via progressiva, sem a qual o Espiritismo não teria objetivo! Tal exemplo não será perdido; terá suas consequências e não foi sem razão, bem o vejo, que outro dia os Espíritos me responderam, por um dos vossos médiuns mais dedicados, conquanto um dos mais obscuros, quando eu lhes exprimia a minha surpresa: *"Por que te admirar? Lyon foi a cidade dos mártires. A fé aqui é viva; ela fornecerá apóstolos ao Espiritismo. Se Paris é o cérebro, Lyon será o coração."* (*Revista Espírita*, outubro de 1860: "Banquete oferecido pelos espíritas lioneses ao Sr. Allan Kardec — Resposta do Sr. Allan Kardec".)

Essa opinião de Allan Kardec sobre os espíritas lioneses de sua época é, para nós, uma grande honra, mas deve ser também uma regra de conduta. Devemos esforçar-nos por merecer esses elogios, aprofundando por nossa vez as lições do Mestre e, sobretudo, conformando com elas o nosso proceder. *Noblesse oblige*,[20] diz um adágio; saibamos recordar sempre isso e conservar alto e firme a bandeira do Espiritismo.

Allan Kardec, porém, não se contentava em atirar flores sobre os nossos irmãos mais velhos; dava-lhes, sobretudo, sábios conselhos, sobre os quais, por nossa vez, deveremos meditar:

"Como o ensino vem dos Espíritos, os diversos grupos, assim como os indivíduos, acham-se sob a influência de certos Espíritos que presidem aos seus trabalhos, ou os dirigem moralmente. Se esses Espíritos não estiverem de acordo, a questão será saber qual o que merece mais confiança. Evidentemente, será aquele cuja teoria não pode suscitar nenhuma objeção séria; em suma, aquele que, em

---

20 N.E.: A nobreza obriga.

todos os pontos, dê mais provas de sua superioridade. Se tudo for bom, racional nesse ensino, pouco importa o nome que tome o Espírito; e, neste sentido, a questão da identidade é absolutamente secundária. Se, sob um nome respeitável, o ensino peca pelas qualidades essenciais, podeis, sem qualquer vacilação, concluir que é um nome apócrifo e que é um Espírito impostor, ou que se diverte. *Regra geral: jamais o nome é uma garantia; a única, a verdadeira garantia de superioridade é o pensamento e a maneira por que este é expresso.* Os Espíritos enganadores são capazes de imitar tudo, tudo mesmo, exceto o verdadeiro saber e o verdadeiro sentimento. (Grifo nosso.)

[...]

Acontece muitas vezes que os Espíritos, para fazer adotar certas utopias, afetam um falso saber e tentam impô-las retirando do arsenal de palavras técnicas tudo quanto possa fascinar aquele que acredita muito facilmente. Dispõem, ainda, de um meio mais fácil, que é o de aparentar virtudes. Arrimados nas grandes palavras: caridade, fraternidade e humildade, esperam fazer passar os mais grosseiros absurdos. É isso que acontece com frequência, quando não se está prevenido; é preciso, pois, não se deixar levar pelas aparências, tanto da parte dos Espíritos quanto dos homens. Confesso: eis aí uma das maiores dificuldades. Contudo, jamais se disse que o Espiritismo fosse uma ciência fácil. Ele tem os seus escolhos, que só podem ser evitados pela experiência. Para não cair na cilada é necessário, primeiro, guardar-se contra o entusiasmo que cega, do orgulho que leva certos médiuns a se julgarem os únicos intérpretes da verdade. *É preciso tudo examinar friamente, pesar tudo maduramente, controlar tudo*; e, se se desconfia do próprio julgamento, o que muitas vezes é mais prudente, é preciso reportar a outros, conforme o provérbio de que quatro olhos veem mais do que dois. Um falso amor-próprio ou uma obsessão podem, por si sós, fazer persistir uma ideia notoriamente falsa e que é repelida pelo bom senso de cada um." (Grifo nosso.) (*Revista Espírita*, outubro de 1860: "Banquete oferecido pelos espíritas lioneses ao Sr. Allan Kardec — Resposta do Sr. Allan Kardec".)

Eis os conselhos tão sábios e tão práticos dados por aquele que quiseram fazer passar por um entusiasta, um místico, um alucinado; e essa regra de conduta, estabelecida no começo, ainda não foi revogada, nem pela observação, nem pelos acontecimentos; é sempre o caminho mais seguro, mais prudente, o único a seguir por aqueles que se querem ocupar do Espiritismo.

O LIVRO DOS MÉDIUNS

Allan Kardec trabalhava, então, em *O livro dos médiuns*, que apareceu na primeira quinzena de janeiro de 1861, editado pelos Srs. Didier & Cia., livreiros editores. O mestre expõe a sua razão de ser nos seguintes termos, na *Revista Espírita*:

"Fruto de longa experiência e de laboriosos estudos, nesse trabalho procuramos esclarecer todas as questões que se ligam à prática das manifestações. De acordo com os Espíritos, contém a explicação teórica dos diversos fenômenos, bem como das condições em que os mesmos se podem reproduzir. Não obstante, sobretudo a matéria relativa ao desenvolvimento e ao exercício da mediunidade mereceu de nossa parte uma atenção toda especial.

O Espiritismo experimental é cercado de muito mais dificuldades do que geralmente se pensa, e os escolhos aí encontrados são numerosos. É isso que ocasiona tantas decepções aos que dele se ocupam, sem a experiência e os conhecimentos necessários. Nosso objetivo foi o de prevenir contra esses escolhos, que nem sempre deixam de apresentar inconvenientes para quem se aventure sem prudência por esse terreno novo. Não podíamos negligenciar um ponto tão capital, e o tratamos com o cuidado que a sua importância reclama." (Grifo nosso.) (*Revista Espírita*, janeiro de 1861: "*O livro dos médiuns*".)

O livro dos médiuns fora precedido de uma obra menos extensa: *Instrução prática sobre as manifestações espíritas*, "contendo a exposição completa das condições necessárias para a comunicação com os Espíritos e os meios de desenvolver a faculdade mediúnica."

Quando esgotou a edição daquele volume, Allan Kardec o substituiu por *O livro dos médiuns*, que é, ainda, o vade-mécum de quantos se queiram entregar com proveito à prática do Espiritismo experimental; é ainda o guia mais seguro para os que querem explorar sem perigo o terreno da mediunidade; desde então, nada apareceu de melhor, tanto é que os diferentes autores que têm abordado o mesmo assunto nada mais fizeram do que seguir as grandes linhas dessa obra magistral.

VIAGEM ESPÍRITA EM 1861

No ano de 1861, Allan Kardec fez uma nova viagem espírita a Sens, Mâcon e Lyon, e verificou que em nossa cidade o Espiritismo atingira a maioridade.

"Com efeito, não é mais por centenas que ali se contam os espíritas, como no ano passado, mas por milhares; dito de outra forma, não se os conta mais, calculando-se que, se seguirem a mesma progressão, em um ou dois anos serão mais de trinta mil. O Espiritismo os recruta em todas as classes, mas é sobretudo nas classes operárias que se propagou mais rapidamente, o que não é de admirar; sendo esta a classe que mais sofre, volta-se para o lado em que encontra mais consolações. Vós, que bradais contra o Espiritismo, que lhe deis outro tanto! A classe operária se voltaria para vós; mas, em vez disto, quereis tirar-lhe aquilo que a ajuda a carregar o seu fardo de misérias. É o meio mais seguro de vos subtrairdes à sua simpatia e engrossar as fileiras que se vos opõem. O que vimos pessoalmente é de tal modo característico e encerra tão grande ensinamento, que julgamos um dever consagrar aos trabalhadores a maior parte do nosso relato.

O ano passado só havia um único centro de reunião, o de Brotteaux, dirigido pelo Sr. Dijoud, chefe de oficina, e sua mulher; outros se formaram depois, em diferentes pontos da cidade, em Guillotière, em Perrache, em Croix-Rousse, em Vaise, em Saint-Just etc., sem contar um grande número de reuniões particulares. No todo havia apenas dois ou três médiuns, muito inexperientes, enquanto hoje os há em todos os grupos, e vários de primeira categoria; só num grupo vimos cinco, escrevendo simultaneamente. Vimos também uma jovem, excelente médium vidente, na qual pudemos constatar a faculdade desenvolvida em alto grau.

[...]

Com certeza os adeptos se multiplicam; mas o que ainda vale mais do que o número é a qualidade. Pois bem! declaramos alto e bom som que não vimos, em parte alguma, reuniões espíritas mais edificantes que a dos operários lioneses, quanto à ordem, ao recolhimento e à atenção com que se devotam às instruções de seus guias espirituais. Ali há homens, velhos, senhoras, moços, até crianças, cuja postura, respeitosa e recolhida, contrasta com sua idade; jamais perturbaram, fosse por um instante, o silêncio de nossas reuniões, geralmente muito longas; pareciam quase tão ávidas quanto seus pais em recolher nossas palavras. Isto não é tudo; o número das metamorfoses morais, nos operários, é quase tão grande quanto o dos adeptos: hábitos viciosos reformados, paixões acalmadas, ódios apaziguados, índoles pacificadas, em suma, desenvolvidas as virtudes mais cristãs, e isto pela confiança, doravante inabalável, que as comunicações espíritas lhes dão de um futuro em que não acreditavam. Para eles é uma felicidade assistir a essas instruções, de onde saem reconfortados contra a adversidade; também se veem alguns que andam mais de uma légua com qualquer tempo, inverno ou verão, enfrentando tudo para não perderem a sessão; é que neles não há uma fé vulgar, mas fé baseada em convicção profunda, raciocinada, e não cega." (*Revista Espírita*, outubro de 1861: "O Espiritismo em Lyon".)

Por ocasião dessa viagem, um banquete novamente reuniu, sob a presidência de Allan Kardec, os membros da grande família espírita lionesa. No dia 19 de setembro de 1860 os convivas não passavam de trinta; a 19 de setembro de 1861 o número era de cento e sessenta, "[...] representando os diferentes grupos que se consideram todos como membros de uma mesma família, e entre os quais não há sombra de ciúme nem de rivalidade, o que nos deixava muito à vontade. A maioria dos presentes era composta de operários, e todos notavam a perfeita ordem que não deixou de reinar um só instante. É que os verdadeiros espíritas põem a sua satisfação nas alegrias do coração, e não nos prazeres escandalosos." (*Revista Espírita*, outubro de 1861: "Banquete oferecido ao Sr. Allan Kardec pelos vários grupos de espíritas lioneses".)

★★★

A 14 de outubro do mesmo ano, encontramos Allan Kardec em Bordeaux, onde, como em todas as cidades por que passava, semeava a Boa-Nova e fazia germinar a fé no futuro. Discorrendo sobre a situação do Espiritismo naquela cidade, ele assim se exprimia:

Revista Espírita, novembro de 1861: "Se Lyon fez o que se poderia chamar o seu *pronunciamento* no que respeita ao Espiritismo, Bordeaux não ficou atrás, porque também quer ocupar um dos primeiros lugares na grande família. [...] Não foi em alguns anos, mas em alguns meses, que a Doutrina ali tomou proporções grandiosas em todas as classes da sociedade. Para começar, constatamos um fato capital: é que lá, como em Lyon e em muitas outras cidades que visitamos, vimos a Doutrina encarada do mais sério ponto de vista e nas suas aplicações morais; ali, como alhures, vimos inumeráveis transformações, verdadeiras metamorfoses; caracteres que não são mais reconhecíveis; pessoas que em nada acreditavam, trazidas às ideias religiosas pela certeza do porvir, agora palpável para elas. Isto dá a medida do espírito que impera nas reuniões espíritas, já muito multiplicadas. Em todas aquelas a que assistimos, constatamos o mais edificante recolhimento, um ar de mútua benevolência entre os assistentes; a gente se sente em meio simpático, que inspira confiança." ("O Espiritismo em Bordeaux".)

Dirigindo-se ao público bordelês, que lhe era tão simpático, e querendo testemunhar-lhe o seu reconhecimento, Allan Kardec assim se exprimiu:

Revista Espírita, novembro de 1861: "[...] Se me sinto feliz com esta cordial recepção, é que nela vejo uma homenagem prestada à Doutrina que professamos e aos Espíritos bons que no-la ensinam, muito mais que a mim pessoalmente, que não passo de um instrumento nas mãos da Providência. Convencido da verdade desta Doutrina, e do bem que ela está chamada a produzir, tratei de lhe coordenar os elementos; esforcei-me por torná-la clara e inteligível para todos. É tudo quanto me cabe e, assim, jamais me considerei seu criador: a honra pertence inteiramente aos Espíritos. É, pois, somente a eles que se devem dirigir os testemunhos de vossa gratidão, e não aceito os elogios que me dirigis senão como um estímulo para continuar minha tarefa com perseverança.

Nos trabalhos que tenho feito para alcançar o objetivo a que me propunha, sem dúvida fui ajudado pelos Espíritos, como eles próprios já me disseram várias vezes, mas sem o menor sinal exterior de mediunidade. Assim, não sou médium, no sentido vulgar da palavra, e hoje compreendo que é uma felicidade que assim o seja. Por uma mediunidade efetiva, eu só teria escrito sob uma mesma influência; teria sido levado a não aceitar como verdade senão o que me tivesse sido dado, e talvez injustamente, ao passo que, na minha posição, convinha que eu desfrutasse de uma liberdade absoluta para captar o bom, onde quer que se encontrasse e de onde viesse. Foi possível, assim, fazer uma seleção dos diversos ensinamentos, sem prevenção e com total imparcialidade. Vi muito, estudei muito e observei bastante, mas sempre com o olhar impassível; nada ambiciono, senão ver a experiência que adquiri posta em proveito dos outros. É por eles que me sinto feliz, por poder evitar os escolhos inseparáveis de todo noviciado.

Se trabalhei muito e se trabalho todos os dias, estou largamente recompensado pela marcha tão rápida da Doutrina, cujos progressos ultrapassam tudo quanto seria permitido esperar, pelos resultados morais que ela produz. Sinto-me feliz por ver que a cidade de Bordeaux não apenas não fica na retaguarda deste movimento, mas se dispõe a marchar na vanguarda, pelo número e pela qualidade dos adeptos. Se se considerar que o Espiritismo deve a sua propagação às suas próprias forças, sem contar com o apoio de nenhum dos meios auxiliares que, em geral, fazem tanto sucesso, e malgrado os esforços de uma oposição sistemática ou, antes, em virtude mesmo desses esforços, não podemos deixar de ver nisto o dedo de Deus. Se seus inimigos,[21] embora poderosos, não lhe puderam paralisar o avanço, forçoso é convir que o Espiritismo é mais poderoso que eles e, tal como a serpente da fábula, em vão empregam os dentes contra uma lima de aço.

[...]

---

[21] Nota de Henri Sausse: Os inimigos do Espiritismo.

A força do Espiritismo tem duas causas preponderantes: a primeira é tornar felizes os que o conhecem, o compreendem e o praticam. Ora, como há pessoas infelizes, ele recruta um exército inumerável entre os que sofrem. Querem lhe tirar esse elemento de propagação? Que tornem os homens de tal modo felizes, moral e materialmente, que nada mais tenham a desejar, nem neste, nem no outro mundo. Não pedimos mais, desde que o objetivo seja atingido. A segunda é que o Espiritismo não se assenta na cabeça de nenhum homem, sujeitando-se, assim, a ser derrubado; não tem um foco único, que possa ser extinto; seu foco está em toda parte, porque em toda parte há médiuns que podem comunicar-se com os Espíritos; não há família que não os possua em seu seio e que não realizem estas palavras do Cristo: *Vossos filhos e filhas profetizarão, e terão visões*; porque, enfim, o Espiritismo é uma ideia e não há barreiras impenetráveis à ideia, nem bastante altas que estas não possam transpor. Mataram o Cristo, mataram seus apóstolos e discípulos. Mas o Cristo tinha lançado ao mundo a ideia cristã, e esta ideia triunfou da perseguição dos Césares onipotentes..." ("Reunião geral dos espíritas bordeleses — Discurso do Sr. Allan Kardec".)

Revista Espírita, novembro de 1861: "Se os inimigos externos nada podem contra o Espiritismo, o mesmo não acontece com os de dentro. Refiro-me aos que são mais espíritas de nome que de fato, sem falar dos que do Espiritismo apenas têm a máscara. *O mais belo lado do Espiritismo é o lado moral. É por suas consequências morais que triunfará, pois aí está a sua força, por aí é invulnerável.* Ele inscreve em sua bandeira: *Amor e caridade*; e diante desse paládio, mais poderoso que o de Minerva, porque vem do Cristo, a própria incredulidade se inclina. Que se pode opor a uma doutrina que leva os homens a se amarem como irmãos? Se não se admitir a causa, pelo menos se respeitará o efeito. Ora, o melhor meio de provar a realidade do efeito é fazer sua aplicação a si mesmo; é mostrar aos inimigos da Doutrina, pelo próprio exemplo, que ela realmente torna melhor. Mas como fazer crer que um instrumento possa produzir harmonia se emite sons discordantes? Do mesmo modo, como persuadir que o Espiritismo deve conduzir à concórdia, se os que o professam, ou supostamente o praticam — o que para os adversários dá no mesmo — se atiram pedras? Se basta uma simples suscetibilidade do amor-próprio para os dividir? Não é o meio de rejeitar seu próprio argumento? *Os mais perigosos inimigos do Espiritismo são, pois, os que o fazem mentir a si mesmos, não praticando a lei que proclamam.* Seria pueril criar dissidência pelas nuanças de opinião; haveria evidente malevolência, esquecimento do primeiro dever do verdadeiro espírita, em separar-se por uma questão pessoal, porquanto o sentimento de personalidade é fruto do orgulho e do egoísmo." (Grifo nosso.) ("Reunião geral dos espíritas bordeleses — Discurso do Sr. Allan Kardec".)

Revista Espírita, outubro de 1860: "[...] Seus adversários [do Espiritismo] só o combatem porque não o compreendem. Cabe a nós, aos verdadeiros espíritas, aos que veem no Espiritismo algo além de experiências mais ou menos curiosas, fazê-lo compreendido e espalhado, tanto pregado pelo exemplo quanto pela palavra. *O livro dos espíritos* teve como resultado fazer ver o seu alcance filosófico. Se esse livro tem algum mérito, seria presunção minha orgulhar-me disso, porquanto a doutrina que encerra não é criação minha. Toda honra do bem que ele fez pertence aos sábios

Espíritos que o ditaram e quiseram servir-se de mim. Posso, pois, ouvir o elogio, sem que seja ferida a minha modéstia, e sem que o meu amor-próprio por isso fique exaltado. Se eu quisesse prevalecer-me disto, por certo teria reivindicado a sua concepção, em vez de atribuí-la aos Espíritos; e se pudesse duvidar da superioridade daqueles que cooperaram, bastaria considerar a influência que exerceu em tão pouco tempo, só pelo poder da lógica, sem contar com nenhum dos meios materiais próprios para superexcitar a curiosidade." ("Banquete oferecido pelos espíritas lioneses ao Sr. Allan Kardec — Resposta do Sr. Allan Kardec".)

AUTO DE FÉ DE BARCELONA

Além das viagens e dos trabalhos de Allan Kardec, esse ano de 1861 ficará memorável nos anais do Espiritismo por um fato de tal modo monstruoso que parece quase incrível. Refiro-me ao auto de fé ocorrido em Barcelona, em que foram queimadas pela fogueira dos inquisidores trezentas obras espíritas.

O Sr. Maurice Lachâtre estava nessa época estabelecido como livreiro, em Barcelona, em relações e em comunhão de ideias com Allan Kardec. Assim, pediu a este que lhe enviasse certo número de obras espíritas para as expor à venda e fazer propaganda da nova filosofia.

Essas obras, em número de trezentas aproximadamente, foram expedidas nas condições habituais, com uma declaração em ordem do conteúdo das caixas. À sua chegada na Espanha, os direitos de alfândega foram cobrados ao destinatário e arrecadados pelos agentes do governo espanhol.

Entretanto, a entrega das caixas não se fez: o bispo de Barcelona, tendo julgado esses livros perniciosos à fé católica, fez confiscar a expedição pelo Santo Ofício.

Como não quisessem entregar essas obras ao destinatário, Allan Kardec reclamou a sua devolução, mas a sua reclamação não surtiu o menor efeito, e o bispo de Barcelona, arvorando-se em policial da França, fundamentou a sua recusa com a seguinte resposta: "A Igreja Católica é universal; e sendo esses livros contrários à fé católica, o governo não pode consentir que venham perverter a moral e a religião de outros países."

E não somente esses livros não foram restituídos, como os direitos aduaneiros ficaram em poder do fisco espanhol. Allan Kardec poderia promover uma ação diplomática e obrigar o governo espanhol a devolver as obras. Os Espíritos, porém, o dissuadiram disso, dizendo que era preferível para a propaganda do Espiritismo deixar essa ignomínia seguir o seu curso.

Reproduzindo os fastos e as fogueiras da Idade Média, o bispo de Barcelona fez queimar em praça pública, pela mão do carrasco, as obras incriminadas. E eis aqui, a título de documento histórico, a ata dessa infâmia clerical:

"Hoje, nove de outubro de mil oitocentos e sessenta e um, às dez horas e meia da manhã, na esplanada da cidade de Barcelona, lugar onde são executados os criminosos condenados ao último suplício, e por ordem do bispo desta cidade, foram queimados trezentos volumes e brochuras sobre o Espiritismo, a saber:

A *Revista Espírita*, diretor Allan Kardec;

A *Revista Espiritualista*, diretor Piérard;

O livro dos espíritos, por Allan Kardec;
O livro dos médiuns, pelo mesmo;
O que é o espiritismo, pelo mesmo;
Fragmentos de sonata ditada pelo Espírito Mozart;
Carta de um católico sobre o espiritismo, pelo Dr. Grand;
A história de Joana d'Arc, ditada por ela mesma à Srta. Ermance Dufaux;
A realidade dos espíritos demonstrada pela escrita direta, pelo barão de Guldenstubbè.

Assistiram ao auto de fé:

Um padre revestido de hábitos sacerdotais, empunhando a cruz numa das mãos e uma tocha na outra;

Um escrivão encarregado de redigir a ata do auto de fé;

Um ajudante do escrivão;

Um empregado superior da administração das alfândegas;

Três serventes da alfândega, encarregados de alimentar o fogo;

Um agente da alfândega representando o proprietário das obras confiscadas pelo bispo.

Uma multidão incalculável enchia as calçadas e cobria a imensa esplanada onde se erguia a fogueira.

Quando o fogo consumiu os trezentos volumes ou brochuras espíritas, o sacerdote e seus ajudantes se retiraram, cobertos pelas vaias e maldições de numerosos assistentes, que gritavam: Abaixo a Inquisição!

Em seguida, várias pessoas se aproximaram da fogueira e recolheram as suas cinzas." (*Revista Espírita*, novembro de 1861: "Resquícios da Idade Média — Auto de fé das obras espíritas em Barcelona".)

Seria diminuir o horror de tais atos, acompanhá-los com a narrativa dos comentários; constatemos somente que ao clarão dessa fogueira o Espiritismo tomou um impulso inesperado em toda a Espanha e, como os Espíritos haviam previsto, conquistou aí um número incalculável de adeptos. Só podemos, pois, como o fez Allan Kardec, alegrar-nos com a imensa propaganda que esse ato odioso operou em favor do Espiritismo. A propósito, porém, da publicidade que nós mesmos devemos fazer da nossa filosofia, nunca deveremos esquecer estes conselhos do Mestre:

Revista Espírita, dezembro de 1863: "[...] 'o Espiritismo se dirige aos que não creem ou que duvidam, e não aos que têm uma fé e aos quais esta fé basta; que não diz a ninguém que renuncie às suas crenças para adotar as nossas', e nisto ele é consequente com os princípios de tolerância e de liberdade de consciência que professa. Por este motivo não poderíamos aprovar as tentativas feitas por certas pessoas para converter às nossas ideias o clero de qualquer comunhão. Repetiremos, pois, a todos os espíritas: Acolhei prontamente os homens de boa vontade; dai luz aos que a buscam, pois não tereis êxito com os que julgam possuí-la; não violenteis a fé de ninguém, nem a do clero, nem a dos laicos, já que vindes semear em campo árido; ponde a luz em evidência, a fim de que a vejam os que quiserem ver; mostrai os frutos da árvore e dai a comer aos que têm fome, e não aos que se dizem fartos." ("Elias e João Batista".)

Estes conselhos, como todos os de Allan Kardec, são claros, simples e sobretudo práticos; cumpre que deles nos recordemos e os aproveitemos oportunamente.

O ESPIRITISMO NA SUA EXPRESSÃO MAIS SIMPLES

O ano de 1862 foi fértil em trabalhos favoráveis à difusão do Espiritismo. No dia 15 de janeiro apareceu a pequenina e excelente brochura: *O espiritismo na sua expressão mais simples*. "O objetivo desta publicação", diz Allan Kardec, "é dar, num panorama muito sucinto, um histórico do Espiritismo e uma ideia suficiente da Doutrina dos Espíritos, a fim de que se lhe possa compreender o objetivo moral e filosófico. Pela clareza e simplicidade do estilo, procuramos pô-la ao alcance de todas as inteligências. Contamos com o zelo de todos os verdadeiros espíritas para ajudarem na sua propagação." (*Revista Espírita*, janeiro de 1862: "Bibliografia — O Espiritismo na sua expressão mais simples") — Este apelo foi ouvido, porque a pequena brochura se espalhou em profusão, devendo muitos a esse excelente trabalho a compreensão do fim e do alcance do Espiritismo.

Revista Espírita, março de 1863: "Quando fizemos a pequena brochura: *O espiritismo na sua expressão mais simples*, perguntamos aos nossos guias espirituais que efeito ela produziria. Responderam-nos: 'Produzirá um efeito que não esperas, isto é, teus adversários ficarão furiosos de ver uma publicação destinada, por seu baixíssimo preço, a espalhar-se na massa e penetrar em toda parte. Já te foi anunciado um grande desdobramento de hostilidades; tua brochura será o sinal. Não te preocupes; já conheces o fim. Eles se irritam em face da dificuldade de refutar teus argumentos.' — Já que é assim, dizemos nós, essa brochura, que deveria ser vendida a 25 centavos, sê-lo-á por dois sous (correspondendo a cerca de 5 centavos de franco francês). O acontecimento justificou essas previsões e nós nos congratulamos por isso." ("A luta entre o passado e o futuro".)

Tendo os nossos predecessores no Espiritismo transmitido a Allan Kardec, por ocasião do Ano-Novo de 1862, a expressão dos seus sentimentos de gratidão e respeito, eis aqui como respondeu o Mestre a esse testemunho de simpatia, igualmente dirigido a todos os espíritas da França e do estrangeiro:

"Meus caros irmãos e amigos de Lyon,
A mensagem coletiva que houvestes por bem me enviar pela passagem do Ano-Novo causou-me viva satisfação, provando que conservastes de mim uma boa recordação. Mas o que mais me alegrou nesse ato espontâneo foi ter encontrado, entre as numerosas assinaturas que ali figuram, representantes de quase todos os grupos, porque é um sinal da harmonia que deve reinar entre eles. Sinto-me feliz por terdes compreendido perfeitamente o objetivo dessa organização, cujos resultados já podeis apreciar, porquanto agora vos deve ser evidente que uma sociedade única teria sido quase impossível.
Agradeço-vos, meus bons amigos, os votos que formulais; eles me são tanto mais agradáveis quanto sei que partem do coração, e são estes que Deus ouve. Ficai satisfeitos, porque Ele os acolhe diariamente, dando-me a alegria inaudita no estabelecimento de uma nova doutrina, de ver aquela a que me devotei crescer e prosperar, em meus dias, com extraordinária rapidez. Considero como um grande favor do céu poder testemunhar o bem que ela já fez. Essa certeza,

da qual diariamente recebo os mais tocantes testemunhos, paga-me com juros todas as penas e fadigas. Não peço a Deus senão uma graça: a de me dar força física suficiente para ir até o fim de minha tarefa, que está longe de terminar. Mas, haja o que houver, terei sempre a consolação da certeza de que a semente das ideias novas, agora espalhadas por toda parte, é imperecível. Mais feliz que muitos outros, que não trabalharam senão para o futuro, a mim já é dado ver os primeiros frutos. Só lamento que a exiguidade de meus recursos pessoais não me tenha permitido pôr em execução os planos que tracei, a fim de que o avanço ocorresse de maneira ainda mais rápida. No entanto, se em sua sabedoria Deus o quis de outro modo, legarei esses planos aos meus sucessores que, sem dúvida, haverão de ser mais felizes. Apesar da penúria de recursos materiais, o movimento que se opera na opinião pública ultrapassou toda a expectativa. Crede, meus irmãos, que nisto o vosso exemplo teve influência. Recebei, pois, nossos cumprimentos pela maneira por que sabeis compreender e praticar a Doutrina.

[...]

No ponto em que hoje as coisas se acham, e levando-se em conta a marcha do Espiritismo através dos obstáculos semeados em seu caminho, pode-se dizer que as principais dificuldades estão vencidas. Ele tomou o seu lugar e assentou-se em bases que doravante desafiam os esforços de seus adversários. Pergunta-se como pode ter adversários uma doutrina que nos torna felizes e melhores. Isto é muito natural. Nos seus primórdios, o estabelecimento das melhores coisas sempre fere interesses. Não tem sido assim com todas as invenções e descobertas que revolucionaram a indústria?

Não tiveram inimigos obstinados as que hoje são consideradas como benefícios e das quais não poderíamos nos privar? Toda lei que reprime abusos não tem contra si os que vivem do abuso? Como queríeis que uma doutrina que conduz ao reino da caridade efetiva não fosse combatida pelos que vivem do egoísmo? E sabeis o quanto são estes numerosos na Terra. No princípio esperavam matá-lo pela zombaria; hoje veem que tal arma é impotente e, sob o fogo cerrado dos sarcasmos, ele continuou sua rota sem se deter. Não penseis que se confessarão vencidos. Não; o interesse material é mais tenaz. Reconhecendo que é uma potência, com a qual agora é preciso contar, vão desferir ataques mais sérios, mas que só servirão para melhor provar a fraqueza deles. Uns o atacarão abertamente, em palavras e em ações, e o perseguirão até na pessoa de seus aderentes, tentando desencorajá-los à força de intrigas, enquanto outros, subrepticiamente e por vias indiretas, procurarão miná-lo secretamente. Ficai avisados de que a luta não terminou. Estou prevenido de que tentarão um supremo esforço; mas não temais: a garantia do sucesso está nesta divisa, que é a de todos os verdadeiros espíritas: *Fora da caridade não há salvação*. Empunhai-a bem alto, porque ela é a cabeça de medusa para os egoístas.

A tática já posta em ação pelos inimigos dos espíritas, mas que vai ser empregada com novo ardor, é a de tentar dividi-los, criando sistemas divergentes e suscitando entre eles a desconfiança e a inveja. Não vos deixeis cair na armadilha e tende como certo que aquele que procura, seja por que meio for, romper a boa harmonia não pode estar animado de boas intenções. Eis por que vos exorto a guardar a maior prudência na formação dos vossos grupos, não só para a vossa tranquilidade, mas no próprio interesse dos vossos trabalhos.

A natureza dos trabalhos espíritas exige calma e recolhimento. Ora, não há recolhimento possível se somos distraídos pelas discussões e pela expressão de sentimentos malévolos. Se houver fraternidade não haverá sentimentos de malquerença; mas não pode haver fraternidade com egoístas, com ambiciosos e orgulhosos. Com orgulhosos, que se escandalizam e se melindram por tudo; com ambiciosos, que se decepcionam quando não têm a supremacia, e com egoístas, que só pensam em si mesmos, a cizânia não tardará a ser introduzida e, com ela, a dissolução. É o que gostariam os inimigos e é o que tentarão fazer. Se um grupo quiser estar em condições de ordem, de tranquilidade, de estabilidade, faz-se mister que nele reine um sentimento fraternal. Todo grupo que se formar sem ter por base a caridade *efetiva* não terá vitalidade, ao passo que os que se fundarem segundo o verdadeiro espírito da Doutrina olhar-se-ão como membros de uma mesma família que, embora não podendo viver sob o mesmo teto, moram em lugares diversos. Entre eles a rivalidade seria uma insensatez; não poderia existir onde reina a verdadeira caridade, porquanto esta não pode ser entendida de duas maneiras. Assim, *reconhecereis o verdadeiro espírita pela prática da caridade em pensamentos, palavras e ações*; e vos digo que aquele que em sua alma nutrir sentimentos de animosidade, de rancor, de ódio, de inveja ou de ciúme, mente a si mesmo se aspira a compreender e a praticar o Espiritismo. (Grifos nossos.)

O egoísmo e o orgulho matam as sociedades particulares, como destroem os povos e a sociedade em geral..." (*Revista Espírita*, fevereiro de 1862: "Votos de Boas-Festas — Resposta dirigida aos espíritas lioneses por ocasião do Ano-Novo".)

Biografia de ALLAN KARDEC

Tudo mereceria citação nestes conselhos, tão justos quão práticos, mas é preciso que nos limitemos, em razão do tempo de que podemos dispor.

VIAGEM ESPÍRITA EM 1862

A pedido dos espíritas de Lyon e de Bordeaux, Allan Kardec fez, em setembro e outubro, uma longa viagem de propaganda semeando por toda parte a Boa-Nova e prodigalizando conselhos, mas somente aos que lhos pediam. O convite feito pelos grupos lioneses estava subscrito por quinhentas assinaturas. Uma publicação especial deu conta dessa viagem de mais de seis semanas, durante a qual o Mestre presidiu a mais de cinquenta reuniões em vinte cidades, onde por toda parte foi alvo do mais cordial acolhimento e se sentiu feliz por constatar os imensos progressos do Espiritismo.

A respeito das viagens de Allan Kardec, como certas influências hostis houvessem espalhado o boato de que eram feitas à custa da Sociedade Parisiense de Estudos Espíritas, sobre cujo orçamento igualmente ele sacava de antemão todos os seus gastos de correspondência e de manutenção, o Mestre rebateu, assim, essa falsidade:

"Várias pessoas, sobretudo na província, haviam pensado que os gastos com essas viagens corriam por conta da Sociedade de Paris. Vimo-nos forçado a refutar esse erro quando a ocasião se apresentou. Aos que pudessem ainda partilhar dessa opinião, lembramos o que foi dito em outra circunstância (*Revista Espírita*, junho de 1862), que a Sociedade se limita a prover as despesas correntes e não possui reservas. Para que pudesse formar um capital, teria de visar o número; é o que não faz, nem quer fazer, pois seu objetivo não é a especulação e o número nada acrescenta à importância de seus trabalhos. Sua influência é toda moral e o caráter de suas reuniões dá aos estranhos a ideia de uma assembleia grave e séria. Eis o seu mais poderoso meio de propaganda. Assim, não poderia ela custear semelhante despesa. Os gastos de viagem, como todos os necessários às nossas relações com o Espiritismo, são cobertos por nossos recursos pessoais e por nossas economias, acrescidos do produto de nossas obras, sem o que nos seria impossível acudir a todas as despesas consequentes à obra que empreendemos. Dizemos isto sem vaidade, unicamente em homenagem à verdade e para a edificação dos que imaginam que entesouramos." (*Revista Espírita*, novembro de 1862: "Viagem Espírita em 1862".)

Em 1862 Allan Kardec fez também aparecer uma *Refutação das críticas contra o Espiritismo*,[22] do ponto de vista do materialismo, da ciência e da religião.

---

[22] Nota do tradutor: De fato, o Codificador anunciou, na *Revista Espírita* de dezembro de 1861, que em breve lançaria o opúsculo citado. Contudo, parece ter desistido da ideia, conforme se depreende da leitura de um trecho do livro *Viagem espírita em 1862 — Impressões gerais*, no qual ele declara que "ainda não o publicamos porque não nos pareceu urgente e só podemos lucrar com isto". Pelo menos, não se tem conhecimento de nenhum escrito de Allan Kardec que aborde o tema aventado, nem mesmo entre aqueles que foram recolhidos em sua casa, depois de sua morte, pelo discípulo e continuador Pierre-G. Leymarie.

ATAQUES E PERSEGUIÇÕES

Acusado diversas vezes pelo padre Marouzeau, que não só o atacava do púlpito, mas que publicou libelos contra o Espiritismo e seu fundador, Allan Kardec lhe responde:

Revista Espírita, julho de 1863: "Sou um homem positivo, sem entusiasmo, que tudo julga friamente. Raciocino de acordo com os fatos e digo: Já que os espíritas são mais numerosos que nunca, apesar da brochura do Sr. Marouzeau e de todas as outras, e malgrado todos os sermões e pastorais, é que os argumentos invocados não convenceram as massas, provocando efeito contrário. Ora, julgar do valor da causa por seus efeitos, creio que é lógica elementar. Desde então, para que os refutar? Já que nos servem, em vez de nos prejudicar, devemos abster-nos de lhes opor obstáculo. [...] Quando trato de uma maneira geral das questões levantadas por algum adversário, não é para o convencer, coisa com que não me preocupo absolutamente, e ainda menos para o fazer renunciar à sua crença, que respeito quando sincera: é unicamente para a instrução dos espíritas e porque encontro um ponto a desenvolver ou a esclarecer. Refuto os princípios e não os indivíduos; os primeiros ficam e os indivíduos desaparecem, razão por que pouco me inquieto com personalidades que amanhã talvez não mais existam e das quais não mais se fale, seja qual for a importância que procurem dar-se. Vejo muito mais o futuro que o presente, o conjunto e as coisas importantes mais que os fatos isolados e secundários." ("Primeira carta ao padre Marouzeau".)

Para prevenir os espíritas contra todos os ataques, de onde quer que venham e por mais veementes e injustos que sejam, Allan Kardec assim se pronunciou:

Revista Espírita, março de 1863: "Como já nos havia sido anunciado, neste momento acontece uma verdadeira cruzada contra o Espiritismo. De vários pontos assinalam-se escritos, discursos e até atos de violência e de intolerância. Todos os espíritas devem regozijar-se, porque é a prova evidente de que o Espiritismo não é uma quimera. Fariam tanto barulho por causa de uma mosca que voa?

O que acima de tudo excita essa grande cólera é a prodigiosa rapidez com que a ideia nova se propaga, não obstante tudo quanto fizeram para detê-la.

[...]

Aliás, tudo o que se passa foi previsto e devia ser para o bem da causa. Quando virdes uma grande manifestação hostil, longe de vos apavorardes, regozijai-vos, pois foi dito: o ribombar do trovão será o sinal da aproximação dos tempos preditos. Orai, então, meus irmãos; orai, sobretudo, pelos vossos inimigos, pois serão tomados de verdadeira vertigem.

Mas nem tudo ainda está realizado. As chamas da fogueira de Barcelona não subiram bastante. Se se repetir em algum lugar, guardai-vos de a extinguir, porque, quanto mais se elevar, mais será vista de longe, como um farol, e ficará na lembrança das idades. Não intervenhais, pois, nem oponhais violência em parte alguma; lembrai-vos de que o Cristo disse a Pedro que embainhasse a espada. Não imiteis as seitas que se entredilaceram em nome de um Deus de paz, que cada um invoca em auxílio de seus furores. *A verdade não se prova pelas perseguições, mas pelo raciocínio*; em todos os tempos as perseguições foram as armas das causas más e dos que tomam o triunfo da força bruta pela razão. (Grifo nosso.) A perseguição não é um bom meio de persuasão; pode momentaneamente abater o mais fraco; convencê-lo, jamais. Porque, mesmo no infortúnio em que tiver sido mergulhado, exclamará, como Galileu na prisão: *e pur si muove!* Recorrer à perseguição é provar que se conta pouco com a força da lógica. *Jamais useis de represálias: à violência oponde a doçura e uma inalterável tranquilidade; aos vossos inimigos retribui o mal com o bem.* (Grifo nosso.) Por aí dareis um desmentido às suas calúnias e os forçareis a reconhecer que vossas crenças são melhores do que eles dizem." ("A luta entre o passado e o futuro".)

Para que possamos ter uma ideia da virulência dos ataques contra o Espiritismo e Allan Kardec, sem falar dos sermões, pastorais e excomunhões de que a Igreja Católica detinha o monopólio, bem como das polêmicas e libelos mais insolentes que eram empregados, destacamos a seguinte passagem de uma brochura publicada em Argel, por um antigo oficial, ex-representante do povo em 1848 e que, em 1863, ocupava suas horas de lazer em deblaterar contra o Espiritismo e Allan Kardec.

Após tentar estabelecer, por meio de cálculos ultrafantasistas, que a renda anual líquida de Allan Kardec devia alcançar a cifra de 250.000 francos, sem contar a que lhe proporcionava a venda de *O livro dos espíritos* e de *O livro dos médiuns*, diz ele:

"Do jeito como marcha a epidemia, dentro de pouco tempo a França será espírita, *se já não o é de fato*; e como não se pode ser bom espírita se ao menos não se for sócio livre e assinante da *Revista*, é provável que em 20 milhões de habitantes, de que se compõe aquela metade, haja 5 milhões de sócios e igual número de assinantes da *Revista*. Consequentemente, a renda dos presidentes e vice-presidentes das sociedades espíritas será de 100 milhões por ano, e a do Sr. Allan Kardec, proprietário da *Revista* e soberano pontífice, 38 milhões.

Se o Espiritismo ganhar a outra metade da França, esta renda será dobrada; e, se a Europa se deixar infestar, não será mais por milhões, mas por bilhões que deve ser contada.

Quanta ingenuidade, espíritas! Que pensais dessa especulação baseada em vossa simplicidade? Acaso poderíeis imaginar que do jogo das mesas girantes pudessem sair semelhantes tesouros? E agora estais edificados pelo ardor com que fundam sociedades os propagadores da Doutrina?

Não têm razão os que dizem que a estupidez humana é uma mina inesgotável a ser explorada?" (*Revista Espírita*, junho de 1863: "Orçamento do Espiritismo, ou exploração da credibilidade humana".)

Nem todos os jesuítas vestem batina, e mesmo Basílio, entre os laicos, tem numerosos adeptos. Mais adiante, esse panfletário acrescenta:

"Outro efeito do Espiritismo é transformar a fé, que é um ato de livre-arbítrio e de vontade, numa credulidade cega.

Assim, para fazer triunfar a especulação do Espiritismo ou das mesas girantes, prega o Sr. Allan Kardec uma doutrina cuja tendência é *a destruição da fé, da esperança e da caridade*.

A despeito disto, que se tranquilize o mundo cristão, pois o Espiritismo não prevalecerá contra a Igreja. 'Reconhecer-se-á todo o valor de um princípio religioso (como diz o Sr.

bispo de Argel, em sua carta de 13 de fevereiro de 1863, aos vigários de sua diocese), porque basta por si só para vencer todas as hesitações, todas as oposições e todas as resistências.'

Mas há verdadeiros espíritas? — Não o negaremos, enquanto um homem sentir que a esperança não se extinguiu em seu coração.

Que há, pois, no Espiritismo? Nada mais que especuladores e papalvos. E no dia em que a autoridade temporal compreender sua solidariedade com a autoridade moral e apenas se limitar a proibir as publicações espíritas, essa especulação imoral cairá para não mais se levantar." (*Revista Espírita*, junho de 1863: "Orçamento do Espiritismo, ou exploração da credulidade humana".)

Eis com que armas os adversários inescrupulosos pretendem desfigurar, combater e reduzir a nada o Espiritismo. Onde estão esses demolidores, que deveriam lançar a Doutrina por terra? Onde estão esses Dom Quixotes, que desejam exterminá-lo a qualquer preço? Ó padres, monges, monsenhores, publicistas, todos estão sepultados na poeira dos tempos; o esquecimento não poupou sequer os seus nomes; nada resta deles, a não ser uma penosa lembrança; e o Espiritismo, mesmo sem responder a seus ataques, não deixou de prosseguir a sua marcha constante em direção ao progresso, ao futuro e à verdade.

Respondendo em bloco a todos os ataques de que foi objeto, Allan Kardec nos dirá:

Revista Espírita, dezembro de 1868: "Muito se há falado dos proventos que eu retirava de minhas obras. Certamente, nenhuma pessoa séria acredita realmente em meus milhões, apesar da afirmação dos que diziam saber de boa fonte que eu levava uma vida principesca, tinha carruagens de quatro cavalos e que em minha casa só se pisava em tapetes de Aubusson. (*Revista* de junho de 1862.) Além disso, não obstante o que disse o autor de uma brochura que conheceis, provando, por meio de cálculos hiperbólicos, que o meu orçamento de receita ultrapassa a lista civil do mais poderoso soberano da Europa, porquanto, só na França, vinte milhões de espíritas são meus tributários (*Revista* de junho de 1863), há um fato mais autêntico do que os seus cálculos: é que jamais pedi qualquer coisa a alguém, ninguém deu algo para mim pessoalmente; numa palavra, *não vivo a expensas de ninguém*, porquanto, das somas que me foram voluntariamente confiadas no interesse do Espiritismo, nenhuma parcela foi desviada em meu proveito.[23]

[...]

Quem quer que outrora tenha visto a nossa habitação e a veja hoje poderá atestar que nada mudou na nossa maneira de viver, desde que entrei a ocupar-me com o Espiritismo; é tão simples agora como o era antigamente. Então é certo que os meus lucros, por maiores que sejam, não servem para nos dar os prazeres do luxo. Teria eu, então, a mania de entesourar para ter o prazer de contemplar meu dinheiro? Creio que meu caráter e meus hábitos jamais permitiriam que se fizesse tal suposição. O que pretendem? Desde que isto não me aproveita, quanto mais fabulosa for a soma, mais embaraçosa será

---

[23] Nota de AllanKardec: Essas somas se elevavam naquela época ao total de 14.100 francos, cujo emprego, a favor exclusivamente da Doutrina, se acha justificado pelas contas.

a resposta. Um dia saberão a cifra exata, bem como o seu emprego detalhado, e os fazedores de história pouparão a imaginação; hoje eu me limito a alguns dados gerais para pôr um freio a suposições ridículas. Para tanto devo entrar nalguns detalhes íntimos, mas que são necessários e para os quais vos peço perdão.

Sempre tivemos do que viver, muito modestamente é verdade, mas o que teria sido pouco para certa gente nos bastava, graças a nossos gostos e hábitos de ordem e economia. À nossa pequena renda vinha juntar-se, como suplemento, o produto das obras que publiquei antes do Espiritismo e o de um modesto emprego, que me vi forçado a deixar quando os trabalhos da Doutrina absorveram todo o meu tempo.

Tirando-me da obscuridade, o Espiritismo veio lançar-me em novo caminho; em pouco tempo vi-me arrastado por um movimento que estava longe de prever. Quando concebi a ideia de *O livro dos espíritos*, era minha intenção não me pôr de modo algum em evidência e permanecer desconhecido; mas, prontamente ultrapassado, isto não me foi possível: tive de renunciar ao meu gosto pelo insulamento, sob pena de abdicar da obra empreendida e que crescia de dia para dia; foi preciso seguir seu impulso e tomar-lhe as rédeas. Se meu nome tem agora alguma popularidade, seguramente não fui eu que o procurei, pois é notório que nem a devo à propaganda, nem à camaradagem da imprensa, e que jamais aproveitei de minhas relações para me lançar no mundo, quando isto me teria sido tão fácil. Mas, à medida que a obra crescia, um horizonte mais vasto se desdobrava à minha frente, recuando os seus limites; compreendi então a imensidade de minha tarefa e a importância do trabalho que me restava fazer para completá--la. Longe de me apavorarem, as dificuldades e os obstáculos redobraram as minhas energias; vi o objetivo e resolvi atingi--lo com a assistência dos Espíritos bons. Sentia que não tinha tempo a perder e não o perdi nem com visitas inúteis, nem em cerimônias ociosas; foi a obra de minha vida: a ela dei todo o meu tempo, sacrifiquei-lhe meu repouso, minha saúde, porque o futuro estava escrito diante de mim em letras irrecusáveis.

Sem nos afastarmos do nosso gênero de vida, nem por isso essa posição excepcional deixou de nos criar menos necessidades a que só os meus recursos pessoais, muito limitados, não me permitiriam prover. Seria difícil a outrem imaginar a multiplicidade das despesas que aquela posição acarreta e que, sem ela, eu teria evitado.

Pois bem, senhores! o que me proporcionou suprimento aos meus recursos foi o produto das minhas obras. E o digo com satisfação, pois foi com o meu próprio trabalho, com o fruto de minhas vigílias que provi, pelo menos em sua maior parte, às necessidades materiais da instalação da Doutrina. Assim, eu trouxe uma larga cota-parte à caixa do Espiritismo. Os que ajudam a propagação das obras não poderão, pois, dizer que trabalham para me enriquecer, porque o produto da venda de todo livro, de toda assinatura da *Revista*, redunda em proveito da Doutrina e não do indivíduo.

[...]

Longe de mim, senhores, o pensamento de me envaidecer, ainda que de leve, com o que acabo de expor-vos. Foi necessária a pertinácia de certas diatribes, para que eu me decidisse, embora a contragosto, a quebrar o silêncio acerca de alguns fatos que me concernem. Mais tarde, todos aqueles que a malevolência aprouve desnaturar serão trazidos à luz por meio de documentos autênticos; mas o tempo dessas explicações ainda não chegou. A única coisa que por enquanto me importava era que ficásseis esclarecidos com relação ao destino dos fundos que a Providência faz que passem pelas minhas mãos, seja qual for a sua origem. Não me considero mais do que um depositário, até mesmo do que ganho e, com mais forte razão, daquilo que me é confiado." ("Constituição transitória do Espiritismo — Extrato do relatório da Caixa do Espiritismo, feito à Sociedade de Paris em 5 de maio de 1865".)

IMITAÇÃO DO EVANGELHO. VIAGEM ESPÍRITA EM 1864

Em abril de 1864, Allan Kardec publicou a *Imitação do evangelho segundo o espiritismo*, com a explicação das máximas morais do Cristo, sua aplicação e sua concordância com o Espiritismo. O título dessa obra foi depois modificado, e é hoje *O evangelho segundo o espiritismo*.

Em agosto de 1864, Allan Kardec fez uma viagem de recreação à Suíça, visitando sucessivamente Neuchatel, Berna, Zimmerwald, o lago de Thun, Interlaken, Oberland, o vale de Lauterbrun, a cascata de Staubach, o vale de Grinndelwald, o lago de Brieutz, a cascata de Giesbach, Friburgo e a ponte suspensa sobre o rio Sarinn, indo depois para Lausanne, Vevey e o castelo de Chillon, onde visitou os seus subterrâneos, até chegar a Genebra, pelo lago Léman. Em seguida retornou a Paris, ali chegando no dia 4 de setembro, para logo se dirigir à Bélgica, onde era esperado por numerosos espíritas de Bruxelas e Antuérpia.

Visitando a exposição de Antuérpia, ficou muito admirado ao ver uma tela representando *uma cena de interior de camponeses espíritas*. Allan Kardec pronuncia então naquela cidade um magistral discurso, cujas passagens, aqui transcritas, devem ser guardadas:

Revista Espírita, novembro de 1864: "Certamente eu teria o direito de envaidecer-me pela acolhida que me tem sido dispensada nos diferentes centros que visito, se não soubesse que esses testemunhos se dirigem muito menos ao homem do que à Doutrina, da qual sou humilde representante, e que devem ser consideradas como uma profissão de fé, uma adesão aos nossos princípios. É assim que os encaro, no que me concerne pessoalmente.

[...]

Afirmei no início que eu não era senão o representante da Doutrina. Algumas explicações sobre o seu verdadeiro caráter naturalmente chamarão vossa atenção para um ponto essencial que, até agora, não foi considerado suficientemente. Na verdade, vendo a rapidez dos progressos desta Doutrina, haveria mais glória em dizer-me seu criador; meu amor-próprio aí encontraria o seu salário; mas não devo fazer minha parte maior do que ela é; longe de o lamentar, eu me felicito, porque, então, a Doutrina não passaria de uma concepção individual, que poderia ser mais ou menos justa, mais ou menos engenhosa, mas que, por isso mesmo, perderia sua autoridade. Poderia ter partidários, talvez fizesse escola, como muitas outras, mas certamente não teria adquirido, em alguns anos, o caráter de universalidade que a distingue." ("O Espiritismo é uma ciência positiva — Alocução do Sr. Allan Kardec aos espíritas de Bruxelas e Antuérpia, em 1864".)

Ao examinar qual foi o seu papel no advento do Espiritismo, Allan Kardec o reduz às seguintes proporções:

"[O meu papel, diz Allan Kardec, não é] nem o de inventor, nem o de criador. Vi, observei, estudei os fatos com cuidado e perseverança; coordenei-os e lhes deduzi as consequências: eis toda a parte que me cabe. Aquilo que fiz, outro poderia ter feito em meu lugar. Em tudo isto fui simples instrumento dos desígnios da Providência, e dou graças a Deus e aos Espíritos bons por se terem dignado servir-se de mim. É uma tarefa que aceitei com alegria, e da qual me esforcei por tornar-me digno, pedindo a Deus que me desse as forças necessárias para realizá-la segundo a sua santa vontade. No entanto, a tarefa é pesada, mais pesada do que possam imaginá-la; e se tem para mim algum mérito, é que tenho a consciência de não haver recuado perante nenhum obstáculo e nenhum sacrifício. Será a obra da minha vida até meu último dia, porque, na presença de um objetivo tão importante, todos os interesses materiais e pessoais se apagam como pontos diante do infinito." (*Revista Espírita,* novembro de 1864 — O Espiritismo é uma ciência positiva — Alocução do Sr. Allan Kardec aos espíritas de Bruxelas e Antuérpia, em 1864".)

Expondo aos espíritas belgas sua opinião sobre os grupos e sociedades espíritas, Allan Kardec lembra o que já havia dito em Lyon, em 1861: "É preferível, pois, que haja numa cidade cem grupos de dez a vinte adeptos, dos quais nenhum se arrouge a supremacia sobre os outros, a uma sociedade única, que reunisse todos os partidários. Esse fracionamento em nada prejudicará a unidade dos princípios, desde que a bandeira seja única e todos marchem para o mesmo objetivo." (*Revista Espírita*, outubro de 1864 — "O Espiritismo na Bélgica".)

As sociedades numerosas têm sua razão de ser sob o ponto de vista da propaganda; mas, quanto aos estudos sérios e continuados, é preferível constituírem-se grupos íntimos.

O CÉU E O INFERNO

No dia 1º de agosto de 1865, Allan Kardec fez aparecer uma nova obra — *O céu e o inferno ou a Justiça divina segundo o espiritismo*.

Revista Espírita, setembro de 1865: "A primeira parte desta obra, intitulada *Doutrina*, contém o exame comparado das diversas crenças sobre o céu e o inferno, os anjos e os demônios, as penas e as recompensas futuras; o dogma das penas eternas aí é encarado de maneira especial e refutado por argumentos tirados das próprias Leis da Natureza, e que demonstram não só o seu lado ilógico, já assinalado centenas de vezes, mas a sua impossibilidade material. Com as penas eternas caem, naturalmente, as consequências que se acreditava delas poder tirar.

A segunda parte encerra numerosos exemplos em apoio da teoria, ou melhor, que serviram para estabelecer a teoria."

("Notas bibliográficas — *O céu e o inferno ou a Justiça divina segundo o espiritismo*".)

Os admiráveis êxitos do Espiritismo, seu desenvolvimento quase incrível, criaram-lhe inúmeros inimigos e, à medida que ele se foi engrandecendo, aumentou também a tarefa de Allan Kardec. O Mestre possuía uma vontade de ferro, um poder de combatividade extraordinário; era um trabalhador infatigável; de pé, em qualquer estação, desde às quatro horas e meia, respondia a tudo, às polêmicas veementes dirigidas contra o Espiritismo, contra ele próprio, às numerosas correspondências que lhe eram endereçadas; atendia à direção da *Revista Espírita* e da Sociedade Parisiense de Estudos Espíritas, à organização do Espiritismo e ao preparo de suas obras.

Essa sobrecarga física e intelectual esgotou-lhe o organismo, e repetidas vezes os Espíritos precisaram chamá-lo à ordem, a fim de obrigá-lo a poupar a saúde. Ele, porém, sabe que não deve durar mais que uns dez anos ainda: numerosas comunicações o preveniram desse termo e lhe anunciaram mesmo que a sua tarefa não seria concluída senão em nova existência, que logo se seguiria à sua próxima desencarnação; por isso ele não quer perder ocasião alguma de dar ao Espiritismo tudo o que pode, em força e vitalidade.

UM SONHO INSTRUTIVO

Revista Espírita, junho de 1866: "Durante a última doença que tivemos no mês de abril de 1866, estávamos sob o império de uma sonolência e de um arrebatamento quase contínuos; nesses momentos sonhávamos constantemente com coisas insignificantes, às quais não prestávamos a mínima atenção. Mas na noite de 24 de abril a visão ofereceu um caráter tão particular que ficamos vivamente impressionados.

Num lugar que nada lembrava à nossa memória e que se parecia com uma rua, havia uma reunião de indivíduos que conversavam; nesse número só alguns nos eram conhecidos em sonho, mas sem que os pudéssemos designar pelo nome. Considerávamos a multidão e procurávamos captar o assunto da conversa quando, de repente, apareceu, no canto de uma muralha, uma inscrição em letras pequenas, brilhantes como fogo, e que nos esforçamos por decifrar. Estava assim concebida: '*Descobrimos que a borracha enrolada sob a roda faz uma légua em dez minutos, desde que a estrada...*' Enquanto procurávamos o fim da frase, a inscrição apagou-se pouco a pouco e nós acordamos. Temendo esquecer estas palavras singulares, apressamo-nos em as transcrever.

Qual podia ser o sentido dessa visão, que nada, absolutamente, em nossos pensamentos e em nossas preocupações podia ter provocado? Não nos ocupando nem de invenções, nem de pesquisas industriais, isto não podia ser um reflexo de nossas ideias. Depois, que podia significar essa *borracha* que, enrolada sob uma roda, fazia uma légua em dez minutos? Era a revelação de alguma nova propriedade dessa substância? Seria ela chamada a representar um papel na locomoção? Queriam pôr-nos no caminho de uma descoberta? Mas, então, por que se dirigir a nós, e não a homens especiais, em condições de fazer os estudos e as experiências necessárias?

Contudo, o sonho era muito característico, muito especial, para ser arrolado entre os sonhos de fantasia; devia ter um objetivo; qual? É o que procurávamos inutilmente."

Se Allan Kardec tivesse vivido alguns anos mais, teria percebido a realidade e a importância desse sonho e o papel primordial reservado à borracha na locomoção de bicicletas, cuja velocidade, algumas vezes, ultrapassa a do sonho, bem como do seu emprego nos pneus dos automóveis que, em sua corrida vertiginosa, chegam a quintuplicar aquela velocidade.

VIAGEM ESPÍRITA EM 1867. *A GÊNESE*

Em 1867 Allan Kardec faz uma curta viagem a Bordeaux, Tours e Orléans; em seguida põe novamente mãos à obra para publicar, em janeiro de 1868, *A gênese, os milagres e as predições segundo o espiritismo*. Esta obra é uma das mais importantes, porque constitui, sob o ponto de vista científico, a síntese dos quatro primeiros volumes já publicados.

Em seguida, o Codificador se ocupa de um projeto de organização do Espiritismo, por meio do qual espera imprimir mais vigor, mais ação à filosofia de que se faz apóstolo, procurando desenvolver-lhe o lado prático e fazendo-lhe produzir seus frutos. O objeto constante das suas preocupações é saber quem o substituirá em sua obra, porque sente que o seu fim está próximo; e a constituição que elabora tem precisamente por meta prover às necessidades futuras da Doutrina Espírita.[24]

Desde os primeiros anos do Espiritismo, Allan Kardec havia comprado, com o produto das suas obras pedagógicas, 2.666 metros quadrados de terreno na avenida Ségur, atrás dos Inválidos. Tendo essa compra esgotado os seus recursos, ele contraiu com o Crédito Imobiliário um empréstimo de 50.000 francos para fazer construir nesse terreno seis pequenas casas, com jardim; alimentava a doce esperança de recolher-se a uma delas, na Vila Ségur, vila que seria transformada em asilo depois de sua morte, de modo a recolher na velhice os defensores indigentes do Espiritismo.

A DESENCARNAÇÃO DE KARDEC

Em 1869 a Sociedade Espírita era reconstituída sob novas bases em sociedade anônima, com capital de 40.000 francos, dividido em quarenta cotas de 1.000 francos, para exploração da livraria, da *Revista Espírita* e das obras de Allan Kardec. A nova sociedade devia instalar-se, no dia 1º de abril, à rua de Lille, nº 7.

Allan Kardec, cujo contrato de arrendamento na rua Sant'Ana estava quase a terminar, contava retirar-se para a Vila Ségur, a fim de trabalhar mais efetivamente nas obras que lhe restava escrever e cujo plano e documentos se achavam

---

[24] Nota de Henri Sausse: Este importantíssimo trabalho está publicado na *Revista Espírita* de dezembro de 1868. É uma espécie de testamento filosófico de Allan Kardec, assim como a indicação da linha de conduta a ser seguida, com intuito de garantir-se a marcha e o triunfo definitivo do Espiritismo.

já reunidos. Estava, pois, em todos os preparativos de mudança de domicílio, quando a 31 de março a doença do coração que o minava surdamente pôs termo à sua robusta constituição e, como um raio, o arrebatou à afeição dos seus discípulos. Essa perda foi imensa para o Espiritismo, que via desaparecer o seu fundador e mais poderoso propagandista, lançando em profunda consternação todos os que o haviam conhecido e amado.

Hippolyte-Léon Denizard Rivail — Allan Kardec — faleceu em Paris, rua e passagem Sainte-Anne, 59, 2ª circunscrição e *mairie* de la Banque, em 31 de março de 1869, com 65 anos, sucumbindo em virtude da ruptura de um aneurisma.[25]

Alguns instantes depois, o telegrama seguinte anunciava aos espíritas lioneses a fatal notícia: *Morreu o Sr. Allan Kardec; será enterrado sexta-feira.*

Essa morte tão repentina, tão imprevista, foi uma dolorosa surpresa para todos os amigos desse grande pensador, mergulhando seus numerosos discípulos em triste estupor. As duas cartas que se seguem, dirigidas ao Sr. Finet, com detalhes sobre a morte de Allan Kardec e sobre seus funerais, nos dão uma pálida ideia do estado de espírito de todos, da dor profunda de cada um e do pesar que tomava conta de quantos acompanharam os despojos mortais de Allan Kardec à sua última morada:

---

[25] Nota do tradutor: Tudo indica que o corpo de Allan Kardec não foi necropsiado. Conforme descrição do Sr. Muller, ele teve morte instantânea, sem lhe dar tempo de proferir uma única palavra. As informações da época atribuem essa morte à ruptura de um aneurisma. (Acidente vascular cerebral hemorrágico?) Contudo, não se pode afastar a hipótese de que ele tenha sofrido um infarto agudo do miocárdio, violento e extenso, seguido de imediata parada cardiorrespiratória.

Paris, 31 de março de 1869.

Agora, que já estou um pouco mais calmo, eu vos escrevo. Enviando-vos meu telegrama, talvez tenha agido um tanto brutalmente, mas me parecia que devíeis tomar conhecimento imediato dessa morte.

Eis alguns pormenores:

Ele morreu esta manhã, entre onze horas e meio-dia, subitamente, ao entregar um número da *Revista* a um caixeiro de livraria que acabava de comprá-lo; ele se curvou sobre si mesmo, sem proferir uma única palavra: estava morto.

Sozinho em sua casa (rua Sainte-Anne), Kardec punha em ordem livros e papéis para a mudança que se vinha processando e que deveria terminar amanhã. O porteiro, aos gritos da criada e do caixeiro, acorreu ao local, ergueu-o... nada, nada mais. Delanne acudiu com toda presteza, friccionou-o, magnetizou-o, mas em vão. Tudo estava consumado.

Acabo de vê-lo. Penetrando a casa, com móveis e utensílios diversos atravancando a entrada, pude ver, pela porta aberta da grande sala de sessões, a desordem que acompanha os preparativos para uma mudança de domicílio; introduzido na pequena sala de visitas que conheceis bem, com o seu tapete encarnado e seus móveis antigos, encontrei a Sra. Kardec assentada no canapé, de frente para a lareira; ao seu lado o Sr. Delanne; diante deles, sobre dois colchões colocados no chão, junto à porta da pequena sala de jantar, jazia o corpo, restos inanimados daquele que todos amamos. Sua cabeça, envolta em parte por um lenço branco atado sob o queixo, deixava ver toda a face, que parecia repousar docemente e experimentar a suave e serena satisfação do dever cumprido.

Nada de tétrico marcara a passagem de sua morte; se não fosse a parada da respiração, dir-se-ia que ele estava dormindo.

Cobria-lhe o corpo uma coberta de lã branca, que, junto aos ombros dele, deixava perceber a gola do roupão que ele vestia quando foi fulminado; a seus pés, como que abandonadas, suas chinelas e meias pareciam possuir ainda o calor do corpo dele.

Tudo isto era triste e, contudo, um sentimento de doce quietude penetrava-nos a alma. Embora tudo na casa fosse desânimo, caos, morte, tudo ali parecia calmo, risonho e doce, forçando-nos, diante daqueles restos, a meditarmos no futuro.

Eu já vos disse que é na sexta-feira que o enterraríamos, mas ainda não sabemos a que horas; esta noite o seu corpo está sendo velado por Desliens e Tailleur; amanhã o será por Delanne e Morin.

Procuram-se, entre os seus papéis, suas últimas vontades, se é que ele as escreveu; de qualquer forma, o enterro será puramente civil. Mais tarde escreverei, dando os detalhes da cerimônia.

Amanhã, creio eu, trataremos de nomear uma comissão de espíritas mais ligados à Causa, aqueles que melhor conhecem suas necessidades, a fim de aguardar e saber o que se irá fazer.

De todo o coração, vosso amigo,

(a) MULLER

Paris, 4 de abril de 1869.
Amigos,
A tarefa é grande; darei conta dela?

Exausto, com o corpo alquebrado, mal começo a me refazer de uma emoção muito natural.

Parece que sonhei e, contudo, nem mesmo posso ter o triste consolo da ilusão. É bem uma realidade; verdade brutal, sancionada por um fato, mas meu pensamento não consegue acostumar-se à ideia de que ele não existe mais. — Ele não existe mais, compreendeis bem o que minha pena quer dizer, o que meu coração insensato tenta exprimir? Mas é a pura verdade. Sexta-feira passada nós conduzimos seus restos mortais ao campo de repouso; e o lúgubre ruído da terra ao cobrir seu caixão ecoou no meu coração. Que vos direi mais?... que sofri muito, embora sem consegui chorar!!!

Era minha intenção escrever tão logo terminasse a triste cerimônia; entretanto, meu pensamento paralisado e meu corpo abatido não permitiram que meu coração desfrutasse desse doce refrigério. Eis agora os detalhes da cerimônia, tão exatos quanto o permitem as minhas lembranças:

Precisamente ao meio-dia o cortejo se punha em marcha; apenas um modesto carro fúnebre abria caminho, arrastando atrás dele grande multidão, composta de todos os que puderam comparecer àquele derradeiro encontro. — Presidia o cortejo o Sr. Levent, vice-presidente da Sociedade, tendo à sua esquerda o Sr. Tailleur, e à direita o Sr. Morin; mais atrás vinham os médiuns, a comissão, toda a Sociedade; finalmente, a multidão dos amigos e simpatizantes, e, fechando a marcha, oficiais, gente do povo e desocupados; ao todo, mil a mil e duzentas pessoas.

O cortejo fúnebre seguiu a rua de Grammont, atravessou os grandes bulevares, a rua Laffite, Notre-Dame-de-Lorette, a rua Fontaine, os bulevares exteriores (Clichy) e entrou finalmente no cemitério de Montmartre, em meio à multidão que ali já se encontrava. Bem ao fundo do campo santo, uma fossa aberta aguardava o caixão; os curiosos — pobre gente! — rompiam as fileiras e se aproximavam da cova, na expectativa de poderem ouvir melhor os discursos. Em seguida, os coveiros fizeram o féretro descer lentamente ao fundo do abismo, estabelecendo-se grande silêncio. Nesse momento, o vice-presidente aproximou-se da cova ainda aberta e, com a sua voz tocante e segura, dirigiu-se ao morto, pedindo seus conselhos e se despedindo dele não com um adeus, mas com um até logo. Seguiu-se o discurso de Camille Flammarion que, em nome da Ciência e do Espiritismo, afirmou aos olhos de todos a fé que o anima. Logo depois foi a vez de Delanne, que, falando em nome dos nossos irmãos da província, prometeu ao Espírito Allan Kardec que todos eles iriam seguir o caminho tão laboriosamente traçado pelo morto. Um quarto e último discurso foi proferido pelo nosso colega Sr. Barrot. Cada orador, ao dirigir-se ao Espírito Allan Kardec, dizia-lhe: Vela por nós, vela pelas tuas obras, tu que hoje possuis toda a liberdade!

Nada nas palavras dos oradores lembrava essas tristes orações fúnebres, com suas palavras desesperadoras: Adeus, nunca mais te verei. — Longe, porém, de nós este triste pensamento. O Espiritismo é muito mais consolador. Todos os discursos pronunciados junto ao túmulo do Mestre foram concluídos com estas tranquilizantes palavras: Até logo, amigo, tu que és tão caro aos nossos corações; até logo; nós nos veremos num mundo melhor. Que, como tu, possamos realizar nossa missão na Terra.

Logo depois a multidão se dispersou, indo cada um para os seus afazeres, para as suas reflexões. Como a Sociedade iria reunir-se na sede da rua Sainte-Anne para solicitar uma evocação, seus membros para lá se dirigiram prontamente. Ali, seis comunicações foram obtidas.

Fraternalmente,

(a) Muller

DISCURSOS PROFERIDOS JUNTO AO TÚMULO

Como bem disse o Sr. Muller, foram pronunciados quatro discursos junto ao túmulo do Mestre: o primeiro pelo Sr. Levent, em nome da Sociedade Espírita de Paris; o segundo pelo Sr. Camille Flammarion, que não fez somente um esboço do caráter de Allan Kardec e do papel que cabe aos seus trabalhos no movimento contemporâneo, mas ainda e sobretudo um exame da situação das ciências físicas, do ponto de vista do mundo invisível, das forças naturais desconhecidas, da existência da alma e da sua indestrutibilidade. Em seguida, tomou a palavra o Sr. Alexandre Delanne, em nome dos espíritas dos centros afastados; e, depois, o Sr. E. Muller, em nome da família e dos seus amigos, dirigiu ao morto querido o último adeus.

Não sabemos por que razões o Sr. Muller atribui ao seu colega Barrot o discurso tão vibrante que ele mesmo, Muller, havia pronunciado em nome da família; não lhes vamos procurar as causas; provavelmente um era o pseudônimo do outro.

Dos quatro discursos referidos, julgamos por bem reproduzir o que foi pronunciado pelo Sr. Levent, em nome da Sociedade Espírita de Paris:

"Senhores,

Em nome da Sociedade Espírita de Paris, da qual tenho a honra de ser o vice-presidente, venho exprimir seu pesar pela perda cruel que acaba de sofrer, na pessoa de seu venerado Mestre, Sr. Allan Kardec, morto subitamente anteontem, quarta-feira, nos escritórios da *Revista*.

A vós, senhores, que todas as sextas-feiras vos reunícis na sede da Sociedade, não preciso lembrar essa fisionomia ao mesmo tempo benevolente e austera, esse tato perfeito, essa justeza de apreciação, essa lógica superior e incomparável que nos parecia inspirada.

A vós, que todos os dias da semana partilháveis dos trabalhos do Mestre, não retraçarei seus labores contínuos, sua correspondência com as quatro partes do mundo, que lhe enviavam documentos sérios, logo classificados *em sua memória* e preciosamente recolhidos para serem submetidos ao cadinho de sua alta razão, e formar, depois de um trabalho escrupuloso de elaboração, os elementos dessas obras preciosas que todos conheceis.

Ah! se, como a nós, vos fosse dado ver esta massa de materiais acumulados no gabinete de trabalho desse infatigável pensador; se, conosco, tivésseis penetrado no santuário de suas meditações, veríeis esses manuscritos, uns quase terminados, outros em curso de execução, outros, enfim, apenas esboçados, espalhados aqui e ali, e que parecem dizer: Onde está, pois, o nosso Mestre, tão madrugador no trabalho?

Ah! mais do que nunca, também exclamaríeis, com inflexões tão pesadoras de amargura que seriam quase ímpias: Precisaria Deus ter chamado o homem que ainda podia fazer tanto bem? uma inteligência tão cheia de seiva, o farol, enfim, que nos tirou das trevas e nos fez entrever esse novo mundo, mais vasto e admirável do que o que imortalizou o gênio de Cristóvão Colombo? Ele apenas começara a fazer a descrição desse mundo, cujas leis fluídicas e espirituais já pressentíamos.

Mas tranquilizai-vos, senhores, por este pensamento tantas vezes demonstrado e lembrado pelo nosso presidente: *Nada é inútil na Natureza; tudo tem sua razão de ser, e o que Deus faz é sempre benfeito.* (Grifo nosso.)

Não nos assemelhemos a esses meninos indóceis que, não compreendendo as decisões dos pais, se permitem criticá-los e por vezes mesmo censurá-los.

Sim, senhores, disto tenho a mais profunda convicção e vo-lo exprimo abertamente: a partida do nosso caro e venerado Mestre era necessária!

Aliás, não seríamos ingratos e egoístas se, não pensando senão no bem que ele nos fazia, esquecêssemos o direito que ele adquirira de ir repousar um pouco na pátria celestial, onde tantos amigos, tantas almas de escol o esperavam e vieram recebê-lo, após uma ausência, que também para eles parecia bem longa?

Oh! sim, há alegria, há grande festa no Alto, e essa festa, essa alegria, só se iguala à tristeza e ao luto causados por sua partida entre nós, pobres exilados, cujo tempo ainda não chegou! Sim, o Mestre havia realizado a sua missão! Cabe a nós continuar a sua obra, com o auxílio dos documentos que ele nos deixou, e daqueles, ainda mais preciosos, que o futuro nos reserva. A tarefa será fácil, ficai certos, se cada um de nós ousar afirmar-se corajosamente; se cada um de nós tiver compreendido que a luz que recebeu deve ser propagada e comunicada aos seus irmãos; se cada um de nós, enfim, tiver a memória do coração para o nosso lamentado presidente e souber compreender o plano de organização que levou o último selo de sua obra.

Continuaremos, pois, o teu trabalho, caro Mestre, sob teu eflúvio benfazejo e inspirador. Recebe aqui a nossa promessa formal. É o melhor sinal de afeição que podemos te dar.

Em nome da Sociedade Parisiense de Estudos Espíritas, não te dizemos adeus, mas *até logo, até breve!"* (*Revista Espírita*, maio de 1869.)

Do discurso do Sr. E. Muller lembramos as seguintes passagens, que também devem merecer a nossa atenção:

"Falo em nome de sua viúva, daquela que foi sua companheira fiel e ditosa, durante trinta e sete anos de uma felicidade sem nuvens e sem mesclas, daquela que compartilhou de suas crenças e de seus trabalhos, bem como de suas vicissitudes e alegrias; que hoje só se orgulha da pureza dos costumes, da honestidade absoluta e do sublime desinteresse de seu esposo. É ela quem nos dá a todos o exemplo de coragem, de tolerância, de perdão das injúrias e do dever cumprido escrupulosamente.

Falo também em nome de todos os amigos, presentes ou ausentes, que seguiram passo a passo a carreira laboriosa que Allan Kardec sempre percorreu honradamente; daqueles que querem honrar sua memória, lembrando alguns traços de sua vida.

Primeiramente quero dizer-vos por que seu envoltório mortal foi para aqui conduzido diretamente, sem pompa e sem outras preces senão as vossas! Precisaria de preces aquele cuja vida inteira não foi senão um longo ato de piedade, de amor a Deus e à Humanidade? Não bastaria que todos pudessem unir-se a nós nesta ação comum, que afirma a nossa estima e a nossa afeição?

A tolerância absoluta era a regra de Allan Kardec. Seus amigos, seus discípulos pertenciam a todas as religiões: israelitas, muçulmanos, católicos e protestantes de todas as seitas; de todas as classes: ricos, pobres, sábios, livres-pensadores, artistas, operários etc. Todos puderam vir aqui, graças a esta medida que não compromete nenhuma consciência e que será um bom exemplo." (*Revista Espírita*, maio de 1869.)

Naquela assistência tão numerosa, tão complexa, todos lamentavam a sua perda e queriam prestar homenagem ao grande filósofo que foi Allan Kardec, cujo nome brilhará através dos tempos como poderoso meteoro na aurora do Espiritismo.

A Sra. Allan Kardec tinha 74 anos por ocasião da morte do esposo. Sobreviveu-lhe até 1883, ano em que, a 21 de janeiro, faleceu, com 89 anos, sem herdeiros diretos, já que não teve filhos.

NA INTIMIDADE DE ALLAN KARDEC

Erraria quem acreditasse que, em virtude dos seus trabalhos, Allan Kardec devia ser um personagem sempre frio e austero. Não era, entretanto, assim. Esse grave filósofo, depois de haver debatido os pontos mais difíceis da Psicologia e da Metafísica transcendental, mostrava-se expansivo, esforçando-se por distrair os convidados que frequentemente eram recebidos em sua casa; conservando-se sempre digno e sóbrio em suas expressões, sabia temperá-las com a bonomia que o caracterizava. Gostava de rir com esse belo sorriso franco, largo e comunicativo, e possuía um talento todo particular em fazer os outros partilharem do seu bom humor.

Biografia de ALLAN KARDEC

Numa velha correspondência, encontrada há pouco por um feliz acaso, destaco as seguintes passagens, escritas sobre Allan Kardec por um de seus comensais:[26]

"As cartas anônimas, as traições, os insultos e a difamação sistemática sempre acompanharam esse laborioso gênio benfeitor, abrindo nele, moralmente, feridas incuráveis; podia viver cem anos, mas tinha um coração muito sensível; a injustiça, sobretudo a dos espíritas palradores e imprudentes, lhe trespassava o coração e foi a causa do *aneurisma* que o arrebatou aos 65 anos, quando ainda tinha tanto a fazer.

Levantava-se às quatro e meia da manhã, qualquer que fosse a estação, a fim de poder dar conta dos seus muitos e variados trabalhos, como a correspondência, os escritos que fazia e as sessões das sextas-feiras. Muitas vezes vinha nos ver, nos momentos de fadiga; sentado à minha mesa, ria como antigamente, servindo-se de anedotas encantadoras e de expressões gaulesas para nos distrair, o que também fazíamos. Depois, retomava alegremente a sua rotina.

Todos os domingos, sobretudo nos últimos dias da sua vida, convidava amigos para jantar em sua Vila Ségur. Então, esse grave filósofo, depois de haver debatido os pontos mais difíceis e mais controvertidos da Doutrina, empenhava-se em nos distrair, qual se fora uma criança, a fim de proporcionar doce satisfação aos convivas. Mostrava-se expansivo, espalhando bom humor em todas as oportunidades. Tinha aptidão especial para fazê-lo de modo digno e com sobriedade, aí misturando uma dose particular de afetuosa bonomia.

---

[26] Nota de Henri Sausse: Sr. P. G. Leymarie.

Algumas vezes, durante as refeições, anunciava-se um prato especial vindo de muito longe, o qual era trazido à mesa com grande precaução e com certo "respeito". Chegado o momento, Allan Kardec tirava a tampa que o cobria, deixando à mostra uma iguaria qualquer que ele, com toda seriedade, dividia entre os dez ou doze convivas. O Mestre, então, deliciando-se com a estupefação geral, ria da nossa surpresa e nos explicava o que era aquele alimento, sua origem, o modo de comê-lo, sua necessidade, sua razão de ser, com considerações engenhosas e sábias, que nos encantavam, provando muito bem que ele podia tornar-se um grande naturalista.

Quantas vezes soubemos de pessoas em provação que encontraram junto dele o socorro moral e, não raro, o socorro material! A respeito dessas coisas ele não dizia uma palavra, ocultando no esquecimento suas boas obras. Muitos foram os ingratos com que deparou, pois o reconhecimento é um fardo pesado demais para certas naturezas pouco evoluídas.

Dizia-nos ele: *Quanto mais avançarmos, de mais paciência e esquecimento das injúrias precisarão aqueles que se devotam à nossa causa, a fim de elevarem o coração e a inteligência e não se entregarem à inquietação e à desesperança. Se resistirem com energia, os bons guias os ajudarão a carregar o bom fardo, o fardo salutar.*

Kardec tinha razão: provado na experiência, ele foi um dos que carregaram a cruz alheia na longa estrada do calvário, estrada que, embora o conduzisse à morte corporal, o levaria a resistir a tudo que pudesse enfraquecê-lo e constrangê-lo a abandonar a tarefa assumida.

Biografia de ALLAN KARDEC

REPERCUSSÃO DA MORTE NA IMPRENSA PARISIENSE

Todos os jornais da época se ocuparam da morte de Allan Kardec e procuraram medir-lhe as consequências. Eis aqui, a título de lembrança, o que a esse respeito escrevia o Sr. Pagès de Noyez, no *Journal de Paris*, de 3 de abril de 1869:

"Aquele que, por tanto tempo figurou no mundo científico sob o pseudônimo de Allan Kardec, tinha por nome Rivail e faleceu aos 65 anos.

Vimo-lo deitado num simples colchão, no meio daquela sala de sessões que ele presidia há tantos anos; vimo-lo com o semblante calmo, como se extinguem os que a morte não surpreende, e que, tranquilos quanto ao resultado de uma vida honesta e laboriosamente preenchida, deixam como que um reflexo da pureza de sua alma no corpo que abandonam à matéria.

Resignados pela fé numa vida melhor e pela convicção da imortalidade da alma, numerosos discípulos vieram olhar pela última vez esses lábios descorados que, ainda ontem, lhes falavam a linguagem da Terra. Mas já tinham a consolação de Além-Túmulo; o Espírito Allan Kardec viera dizer como tinha sido o seu desprendimento, quais as suas impressões primeiras, quais de seus predecessores na morte tinham vindo ajudar sua alma a desprender-se da matéria. Se "o estilo é o homem", os que conheceram Allan Kardec vivo só podiam comover-se com a autenticidade dessa comunicação espírita.

A morte de Allan Kardec é notável por uma estranha coincidência. A Sociedade formada por esse grande vulgarizador do Espiritismo acabava de chegar ao fim. O local abandonado, desaparecidos os móveis, nada mais restava de um passado que devia renascer em bases novas. Ao fim da última sessão, o presidente tinha feito suas despedidas; cumprida a sua missão, ele se retirava da luta cotidiana para se consagrar inteiramente ao estudo da filosofia espiritualista. Outros, mais jovens — valentes! — deviam continuar a obra e, fortes de sua virilidade, impor a verdade pela convicção.

Que adianta contar os detalhes da morte? Que importa a maneira pela qual o instrumento se quebrou, e por que consagrar uma linha a esses restos agora integrados no imenso movimento das moléculas? Allan Kardec morreu na sua hora. Com ele fechou-se o prólogo de uma religião vivaz que, irradiando cada dia, logo terá iluminado a Humanidade. Ninguém melhor que Allan Kardec poderia levar a bom termo esta obra de propaganda, à qual fora preciso sacrificar as longas vigílias que nutrem o espírito, a paciência que educa com o tempo, a abnegação que afronta a estultícia do presente, para só ver radiação do futuro.

Por suas obras, Allan Kardec terá fundado o dogma pressentido pelas mais antigas sociedades. Seu nome, estimado como o de um homem de bem, desde muito tempo é divulgado pelos que creem e pelos que temem. É difícil praticar o bem sem chocar os interesses estabelecidos.

O Espiritismo destrói muitos abusos; também reergue muitas consciências entristecidas, dando-lhes a convicção da prova e a consolação do futuro.

Hoje os espíritas choram o amigo que os deixa, porque o nosso entendimento, demasiado material, por assim dizer, não pode dobrar-se a essa ideia da *passagem*; mas, pago o primeiro tributo à inferioridade do nosso organismo, o pensador ergue a cabeça para esse mundo invisível que sente

Biografia de **ALLAN KARDEC**

existir além do túmulo e estende a mão ao amigo que se foi, convencido de que seu Espírito nos protege sempre.

O presidente da Sociedade de Paris morreu, mas o número dos adeptos cresce dia a dia, e os valentes, cujo respeito pelo Mestre os deixava em segundo plano, não hesitarão em afirmar-se, para o bem da grande causa.

Essa morte, que o vulgo deixará passar indiferente, não deixa de ser, por isso, um grande fato para a Humanidade. Não é mais o sepulcro de um homem, é a pedra tumular enchendo o vazio imenso que o materialismo havia cavado aos nossos pés e sobre o qual o Espiritismo esparge as flores da esperança." (*Revista Espírita*, maio de 1869 — "Revista da Imprensa".)

★★★

Um ponto sobre o qual não atraí a vossa atenção, mas que devo assinalar, é a caridade verdadeiramente cristã de Allan Kardec; dele se pode dizer que a mão esquerda ignorou sempre o bem que fazia a direita, e que esta também não conheceu os golpes desferidos à outra por aqueles a quem o reconhecimento é um fardo excessivamente pesado. Cartas anônimas, insultos, traições, difamações sistemáticas, nada foi poupado a esse intrépido lutador, a essa alma grande e varonil que penetrou integralmente na imortalidade.

Os restos mortais de Allan Kardec repousam no Père-Lachaise, em Paris, sob modesta lápide erigida pela piedade dos seus discípulos; é aí que se reúnem todos os anos, desde 1870,[27] os adeptos que têm guardado fidelidade à memória

---

[27] Nota do tradutor: E não 1869, como consta no original francês.

do Mestre e conservam preciosamente no coração o culto da saudade.

Para honrar sua memória, como ela o merece, esforcemo-nos por seguir seus conselhos e, sobretudo, por praticar suas virtudes. É com esse objetivo que reitero aos nossos amigos esse insistente apelo, que já lhes dirigi em "O Espiritismo em Lyon":

Nossos irmãos mais velhos, aqueles a quem a morte já sepultou, achavam-se imbuídos, antes de tudo, dos princípios de Allan Kardec, cujas lições receberam diretamente do fundador da filosofia espírita, esforçando-se por pô-las em prática e a elas conformando a sua conduta. Estudando principalmente a moral espírita, nela buscavam a fé raciocinada que esclarece e consola, bem como a força contra as provas da existência e contra as adversidades, merecidas e inevitáveis, que nos acompanham nesta Terra de provações. Para eles, o fenômeno espírita tinha, naturalmente, o mérito de ser a base do edifício; contudo, a moral que daí resulta lhes era muito superior, embora mais tarde as pesquisas científicas, ou tidas como tais, empurrassem os experimentadores para o lado fenomenal. Hoje, dá-se muito mais importância à manifestação tangível do que à sanção moral que lhe é consequente, sacrificando-se o certo pelo duvidoso. Por isso, a crença raciocinada, a fé ardente e sincera, o sentimento do dever cumprido vão fraquejando e sendo substituídos por uma curiosidade doentia, incapaz de dedicações nobres, de impulsos generosos e daquele ardor de proselitismo, cujos exemplos são tão numerosos na conduta dos homens que nos precederam.

Voltemos, meus amigos, aos sentimentos de nossos antecessores, ao desinteresse e à fé esclarecida e consciente que os animava; estudemos, acima de tudo, a filosofia espírita, a fim de conhecê-la melhor e a ela conformar a nossa conduta. Voltemos a ser os adeptos da terceira categoria de que falava Allan Kardec.[28] Não procuremos no Espiritismo senão um meio de nos aperfeiçoarmos, de melhorarmos, e não um teatro de feira para contar mentiras e explorar o povo.

Sejamos os fiéis discípulos de Allan Kardec, lembremo-nos do que disse o Mestre: De nada nos serve acreditar nas manifestações espíritas se não conformamos a nossa conduta aos princípios da Doutrina Espírita. O verdadeiro espírita é aquele de quem se pode dizer: Ele vale mais hoje do que ontem. Seja este o único julgamento que possam fazer de nós, se quisermos ser dignos dos nossos antecessores, se quisermos permanecer como os verdadeiros discípulos de Allan Kardec.

Elevemos os corações, meus amigos, unamo-nos, sustentemo-nos, auxiliemo-nos mutuamente na procura do bem e do belo, para o triunfo da justiça e da verdade, e para a difusão cada vez maior da filosofia espírita, tal como no-la ensinou Allan Kardec.

★★★

---

[28] Nota do tradutor: Isto é, "[os que] não se contentam em admirar a moral [espírita]: praticam-na e aceitam todas as suas consequências... Em tudo a caridade lhes é regra de conduta. São estes os *verdadeiros espíritas*, ou melhor, os *espíritas cristãos*." (*Revista Espírita*, outubro de 1860 — "Banquete oferecido pelos espíritas lioneses ao Sr. Allan Kardec — Resposta do Sr. Allan Kardec".)

REFLEXÕES, CONSELHOS E MÁXIMAS DE ALLAN KARDEC

FRAGMENTOS
EXTRAÍDOS DOS PRIMEIROS
DOZE ANOS DA
REVISTA ESPÍRITA

Já que o Sr. Buffon pôde dizer, com tanta razão, que *o estilo é o homem*, nós precisamos, para melhor apreciar Allan Kardec, estudá-lo nas suas obras, porque quanto mais estivermos em condições de julgar os méritos desse profundo pensador, tanto mais aumentarão por ele o nosso respeito e a nossa dedicação. Com esse objetivo, julgamos por bem reproduzir algumas passagens, extraídas de numerosos artigos que ele publicou na *Revista Espírita* de 1858 a 1869, passagens que nos lembrarão alguns princípios filosóficos sobre os quais o Mestre gostava tanto de tratar. Será meditando os seus conselhos, as suas máximas, que aprenderemos a conhecer melhor e a amar cada vez mais o fundador da filosofia espírita.

★★★

Biografia de ALLAN KARDEC

Revista Espírita — novembro de 1865: "Deus me guarde da presunção de me julgar o único capaz, ou mais capaz do que outros, o único encarregado de realizar os desígnios da Providência. Não; longe de mim tal pensamento. Neste grande movimento renovador, tenho minha parte de ação. Assim, só falo do que me diz respeito, mas o que posso afirmar sem jactância é que, no papel que me incumbe, não me faltam coragem nem perseverança. Nunca falhei, mas hoje, que vejo a rota iluminar-se com uma claridade maravilhosa, sinto que as forças cresceram. Jamais duvidei, mas hoje, graças às novas luzes que a Deus aprouve dar-me, estou certo, e digo a todos os nossos irmãos, com mais segurança do que nunca: *Coragem e perseverança, porque um retumbante sucesso coroará os nossos esforços.*" (Grifo nosso.) ("Alocução na reabertura das sessões da Sociedade de Paris, em 6 de outubro de 1865".)

Revista Espírita — fevereiro de 1867: "O Espiritismo é, como pensam alguns, uma nova fé cega que substituiu outra fé cega? Em outras palavras, uma escravidão do pensamento sob nova forma? Para o crer, é preciso ignorar os seus primeiros elementos. Com efeito, *o Espiritismo estabelece como princípio que antes de crer é preciso compreender. Ora, para compreender é necessário que se faça uso do raciocínio*; eis por que ele procura dar-se conta de tudo antes de admitir alguma coisa, a saber, o porquê e o como de cada coisa. É por isso que os espíritas são mais céticos do que muitos outros, em relação aos fenômenos que escapam do círculo das observações habituais. Não se baseia em nenhuma teoria preconcebida ou hipotética, mas na experiência e na observação dos fatos; em vez de dizer: '*Crede primeiro, e depois compreendereis, se puderdes*', diz: '*Compreendei primeiro, e depois acreditareis, se quiserdes.*' Não se impõe a ninguém; diz a todos: 'Vede, observai, comparai e vinde a nós livremente, se isto vos convém.' Falando assim, ele entra com grande chance no número dos concorrentes. Se muitos vão a ele, é porque satisfaz a muitos, mas ninguém o aceita de olhos fechados. Aos que não o aceitam, ele diz: 'Sois livres e não vos quero; tudo o que vos peço é que me deixeis minha liberdade, como vos deixo a vossa. Se procurais me excluir, temendo que vos suplante, é que não estais muito seguros de vós.' (Grifos nossos.)

Não procurando o Espiritismo afastar nenhum dos concorrentes na liça aberta às ideias que devem prevalecer no mundo regenerado, está nas condições do verdadeiro livre-pensamento; não admitindo nenhuma teoria que não seja fundada na observação, está, ao mesmo tempo, nas do mais rigoroso positivismo; enfim, tem sobre seus adversários das duas extremadas opiniões contrárias, a vantagem da tolerância." ("Livre-pensamento e livre-consciência".)

Aos que quiserem ver fenômenos antes de crerem no Espiritismo, Allan Kardec dá esses sábios conselhos:

Revista Espírita — maio de 1861: "Afinal de contas, seria muito desagradável que a propagação da Doutrina se subordinasse à publicidade de nossas sessões. Por mais numeroso que fosse o auditório, seria sempre muito restrito, imperceptível, comparado à massa da população. Por outro lado, sabemos por experiência que a verdadeira convicção só se adquire pelo estudo, pela reflexão e por uma observação contínua, e não assistindo a uma ou duas sessões, por mais interessantes que sejam. Isto é tão verdadeiro que o número dos que creem sem ter visto, mas porque estudaram e compreenderam, é imenso. Sem dúvida o desejo de ver é muito natural e estamos longe de o censurar, mas queremos que vejam em condições aproveitáveis. *Eis por que dizemos: Estudai primeiro e vede depois, porque compreendereis melhor.* (Grifo nosso.)

Se os incrédulos refletissem sobre esta condição, nela veriam, para começar, a melhor garantia de nossa boa-fé e, depois, a força da Doutrina. O que mais teme o charlatanismo é ser compreendido; ele fascina os olhos e não é tolo a ponto de se dirigir à inteligência, que facilmente descobriria o reverso da moeda. *O Espiritismo, ao contrário, não admite a confiança cega; quer ser claro em tudo; quer que lhe compreendam tudo, que se deem conta de tudo.* (Grifo nosso.) Por conseguinte, quando prescrevemos o estudo e a meditação, pedimos o concurso da razão, assim provando que a ciência espírita não teme o exame, uma vez que, antes de crer, sentimos necessidade de compreender." ("S.P.E.E. — Discurso do Sr. Allan Kardec por ocasião da renovação do ano social, pronunciado na sessão de 5 de abril de 1861".)

Revista Espírita — dezembro de 1861: "[...] Aquele que tem a intenção de organizar um grupo em boas condições deve, antes de tudo, assegurar-se do concurso de alguns adeptos sinceros, que levem a Doutrina a sério e cujo caráter, *conciliador* e benevolente, seja conhecido. Formado esse núcleo, ainda que de três ou quatro pessoas, estabelecer-se-ão regras precisas, seja para as admissões, seja para a realização das sessões e para a ordem dos trabalhos, regras às quais os recém- -vindos terão que se conformar.

[...] A primeira condição a impor, caso não queiramos ser interrompidos a cada instante por objeções ou perguntas ociosas, é o estudo prévio. A segunda é uma profissão de fé categórica e uma adesão formal à doutrina de *O livro dos espíritos*, além de outras condições especiais julgadas convenientes. Isto quanto aos membros titulares e dirigentes. Para os assistentes, que geralmente vêm para adquirir um pouco mais de conhecimento e de convicção, pode-se ser menos rigoroso; todavia, como há os que poderiam causar perturbação com observações despropositadas, é importante assegurar-se de suas disposições. Faz-se necessário, acima de tudo e sem exceção, afastar os curiosos e quem quer que seja atraído por motivo frívolo.

A ordem e a regularidade dos trabalhos são coisas igualmente essenciais. (Grifo nosso.) Consideramos de grande utilidade abrir cada sessão pela leitura de algumas passagens de *O livro dos médiuns* e de *O livro dos espíritos*. Por esse meio, ter-se-ão sempre presentes na memória os princípios da ciência e os meios de evitar os escolhos encontrados a cada passo na prática. Assim, a atenção será fixada sobre uma porção de pontos, que muitas vezes escapam numa leitura particular e poderão ensejar comentários e discussões instrutivas, das quais os próprios Espíritos poderão participar.

[...]

Como se vê, tudo isto é de execução muito simples e sem burocracia; mas tudo depende do ponto de partida, ou seja, da composição dos grupos primitivos. Se formados de bons elementos, serão outras tantas boas raízes que darão bons frutos. Se, ao contrário, forem formados de elementos heterogêneos e antipáticos, de espíritas duvidosos, mais preocupados com a forma do que com o fundo, que consideram a moral como parte acessória e secundária, há que se esperar polêmicas irritantes, que a nada levam, pretensões pessoais, atritos de suscetibilidades e, em consequência, conflitos precursores da desorganização. Entre verdadeiros espíritas, tais como os definimos, que veem o objetivo essencial do Espiritismo na moral, que é a mesma para todos, haverá sempre abnegação de personalidade, condescendência e benevolência e, por conseguinte, segurança e estabilidade nas relações. Eis por que temos insistido tanto sobre as qualidades fundamentais." ("Organização do Espiritismo".)

As sociedades numerosas têm sua razão de ser, do ponto de vista da propaganda, mas, para estudos sérios e continuados, é preferível que eles sejam feitos em grupos íntimos.

Revista Espírita — novembro de 1861: "Quanto ao mais, seja qual for a natureza da reunião, numerosa ou não, as condições que deve satisfazer para atingir o seu objetivo são as mesmas. É para isso que devemos concentrar todos os nossos cuidados, e os que os satisfizerem serão fortes, porque terão, necessariamente, o apoio dos Espíritos bons. Tais condições estão traçadas em *O livro dos médiuns*, nº 341.

Um erro muito frequente entre alguns neófitos é o de se julgarem mestres após alguns meses de estudo. Como sabeis, *o Espiritismo é uma ciência imensa, cuja experiência não pode ser adquirida senão com o tempo*, como, aliás, em todas as coisas. Há, nessa pretensão de não mais necessitar de conselhos e de se julgar acima de todos, uma prova de incompetência, pois não atende a um dos primeiros preceitos da Doutrina: a modéstia e a humildade. Quando os Espíritos maléficos encontram semelhantes disposições num indivíduo, não deixam de o superexcitar e de o entreter, persuadindo-o de que só ele possui a verdade. É um dos escolhos que podem ser encontrados, e contra o qual julguei dever vos prevenir, acrescentando que *não basta dizer-se espírita, como não basta dizer-se cristão: é preciso prová-lo pela prática.*" (Grifos nossos.) ("Reunião geral dos espíritas bordeleses, em 14 de outubro de 1861 — Discurso do Sr. Allan Kardec".)

O ESPIRITISMO — I

Revista Espírita — dezembro de 1861: "[...] Tendo como objetivo a melhoria dos homens, o Espiritismo não vem recrutar os que são perfeitos, mas os que se esforçam em o ser, pondo em prática o ensino dos Espíritos. O verdadeiro espírita não é o que alcançou a meta, mas o que deseja seriamente atingi-la. Sejam quais forem os seus antecedentes, será bom espírita desde que reconheça suas imperfeições e seja sincero e perseverante no propósito de emendar-se. Para ele o Espiritismo é uma verdadeira regeneração, porque rompe com o passado; indulgente para com os outros, como gostaria que fossem para consigo, de sua boca não sairá nenhuma palavra malevolente nem ofensiva contra ninguém. Aquele que, numa reunião, se afastasse das conveniências, não só provaria falta de civilidade e de urbanidade, mas falta de caridade; aquele que se melindrasse com a contradição e pretendesse impor a sua pessoa ou as suas ideias, daria prova de orgulho. Ora, nem um nem outro estariam no caminho do verdadeiro Espiritismo cristão. Aquele que pensa ter uma opinião mais justa fará que os outros a aceitem melhor pela persuasão e pela doçura; o azedume, de sua parte, seria um péssimo negócio." ("Organização do Espiritismo".)

Revista Espírita — março de 1865: "[...] O Espiritismo não está apenas na crença na manifestação dos Espíritos. O erro dos que o condenam é crer que só consista na produção de fenômenos estranhos, e isto porque, não se dando ao trabalho de estudá-lo, só lhe veem a superfície. Esses fenômenos só são estranhos para os que lhes não conhecem a causa. Mas, quem quer que os aprofunde, neles não vê senão os efeitos de uma lei, de uma força da Natureza que não se conhecia e que, por isso mesmo, não são maravilhosos, nem sobrenaturais. Esses fenômenos provam a existência dos Espíritos, que mais não são que as almas dos que viveram, provando, por conseguinte, a existência da alma, sua sobrevivência ao corpo, a vida futura com todas as suas consequências morais. A fé no futuro, assim apoiada em provas materiais, torna-se inabalável e triunfa sobre a incredulidade. Daí por que, quando o Espiritismo tornar-se crença de todos, não haverá mais incrédulos, nem materialistas, nem ateus. Sua missão é combater a incredulidade, a dúvida, a indiferença; não se dirige aos que têm uma fé, e a quem esta fé é suficiente, mas aos que em nada creem, ou que duvidam. Não diz a ninguém que deixe a sua religião; respeita todas as crenças, quando sinceras. Aos seus olhos a liberdade de consciência é um direito sagrado; se não a respeitasse, faltaria ao seu primeiro princípio, que é a caridade. Neutro entre todos os cultos, será o laço que os reunirá sob uma mesma bandeira — o da fraternidade universal. Um dia eles se darão as mãos, em vez de se anatematizarem.

Longe de serem a parte essencial do Espiritismo, os fenômenos não passam de um acessório, um meio suscitado por Deus para vencer a incredulidade, que invade a sociedade; *ele está, sobretudo, na aplicação de seus princípios morais.* É nisto que se reconhecem os espíritas sinceros. Os exemplos de reforma moral provocada pelo Espiritismo já são bastante numerosos para que se possa julgar dos resultados que produzirá com o tempo. É preciso que sua força moralizadora seja bem grande para triunfar sobre os hábitos inveterados pela idade, e da leviandade da juventude. (Grifos nossos.)

O efeito moralizador do Espiritismo tem, pois, por causa primeira o fenômeno das manifestações, que deu a fé. Se esses fenômenos fossem uma ilusão, como o pretendem os incrédulos, seria preciso abençoar uma ilusão que dá ao homem a força de vencer as más inclinações." ("O processo Hillaire: Carta do Sr. Allan Kardec aos espíritas devotados no caso Hillaire".)

Revista Espírita — maio de 1864: "[...] A força do Espiritismo não reside na opinião de um homem, nem na de um Espírito; está na universalidade do ensino dado por estes últimos; o *controle universal*, como o *sufrágio universal*, resolverá no futuro todas as questões litigiosas; fundará a unidade da Doutrina muito melhor do que um concílio de homens. Ficai certos, senhores, de que este princípio fará o seu caminho, como o *Fora da caridade não há salvação*, porque baseado na mais rigorosa lógica e na abdicação da personalidade. Não contrariará senão os adversários do Espiritismo e aqueles que só têm fé em suas luzes pessoais." ("Sociedade Espírita de Paris — Discurso de abertura do 7º ano social".)

Revista Espírita — agosto de 1864: "[...] O Espiritismo é uma fé íntima; está no coração, e não nos atos exteriores; não impõe nenhuma que seja suscetível de escandalizar os que não partilham dessa crença; ao contrário, recomenda a sua abstenção, por espírito de caridade e de tolerância." ("Suplemento ao capítulo das preces da *Imitação do evangelho*".)

AUTORIDADE DA DOUTRINA ESPÍRITA

Revista Espírita — abril de 1864: "Se a Doutrina Espírita fosse de concepção puramente humana, não ofereceria por penhor senão as luzes daquele que a houvesse concebido. Ora, ninguém, neste mundo, poderia alimentar fundadamente a pretensão de possuir, com exclusividade, a verdade absoluta. Se os Espíritos que a revelaram se houvessem manifestado a um só homem, nada lhe garantiria a origem, porquanto fora mister acreditar, sob palavra, naquele que dissesse ter recebido deles o ensino. Admitida, de sua parte, sinceridade perfeita, quando muito poderia ele convencer as pessoas de suas relações; conseguiria sectários, mas nunca chegaria a congregar todo o mundo." ("Autoridade da Doutrina Espírita — Controle universal do ensino dos Espíritos".)

Revista Espírita — abril de 1864: "Sabe-se que os Espíritos, em virtude da diferença entre as suas capacidades, longe se acham de estar, individualmente considerados, na posse de toda a verdade; que nem a todos é dado penetrar certos mistérios; que o saber de cada um deles é proporcional à sua depuração; que os Espíritos vulgares mais não sabem do que muitos homens e até menos que certos homens; que entre eles, como entre estes, há presunçosos e pseudossábios, que julgam saber o que ignoram; sistemáticos, que tomam por verdades as suas ideias.

O primeiro controle é, sem contradita, o da razão, ao qual cumpre se submeta, sem exceção, tudo o que venha dos Espíritos. Toda teoria em manifesta contradição com o bom senso, com uma lógica rigorosa e com os dados positivos já adquiridos, deve ser rejeitada, por mais respeitável que seja o nome que traga como assinatura. Incompleto, porém, ficará esse exame em muitos casos, por efeito da falta de luzes de certas pessoas e das tendências de não poucas a tomar as próprias opiniões como juízes únicos da verdade. (Grifo nosso.)

[...]

Uma só garantia séria existe para o ensino dos Espíritos: a concordância que haja entre as revelações que eles façam espontaneamente, servindo-se de grande número de médiuns estranhos uns aos outros e em vários lugares.

[...]

Essa a base em que nos apoiamos quando formulamos um princípio da Doutrina. Não é porque esteja de acordo com as nossas ideias que o temos por verdadeiro. [...] Também não é porque um princípio nos foi ensinado que, para nós, ele exprime a verdade, mas porque recebeu a sanção da concordância." ("Autoridade da Doutrina Espírita — Controle universal do ensino dos Espíritos".)

Biografia de ALLAN KARDEC

Revista Espírita — abril de 1864: "Esse controle universal constitui uma garantia para a unidade futura do Espiritismo e anulará todas as teorias contraditórias. Aí é que, no porvir, se encontrará o critério da verdade. O que deu lugar ao êxito da doutrina exposta em *O livro dos espíritos* e em *O livro dos médiuns* foi que em toda parte todos receberam diretamente dos Espíritos a confirmação do que esses livros contêm. Se de todos os lados tivessem vindo os Espíritos contradizê-la, já de há muito haveriam aquelas obras experimentado a sorte de todas as concepções fantásticas. Nem mesmo o apoio da imprensa as salvaria do naufrágio, ao passo que, privadas como se viram desse apoio, não deixaram de abrir caminho e de avançar celeremente. É que tiveram o dos Espíritos, cuja boa vontade não só compensou, como também sobrepujou o malquerer dos homens. Assim sucederá a todas as ideias que, emanando quer dos Espíritos, quer dos homens, não possam suportar a prova desse confronto, cuja força a ninguém é lícito contestar." ("Autoridade da Doutrina Espírita — Controle universal do ensino dos Espíritos".)

Revista Espírita — julho de 1859: "[...] Os Espíritos são o que são e nós não podemos alterar a ordem das coisas. Como nem todos são perfeitos, *não aceitamos suas palavras senão com reserva e jamais com a credulidade infantil.* Julgamos, comparamos, tiramos consequências de nossas observações e os seus próprios erros constituem ensinamentos para nós, pois não renunciamos ao nosso discernimento. (Grifo nosso.)

Essas observações aplicam-se igualmente a todas as teorias científicas que os Espíritos podem dar. Seria muito cômodo ter apenas que interrogá-los para encontrar a ciência pronta e acabada e possuir todos os segredos industriais. Só conquistaremos a ciência à custa de trabalho e de pesquisas. A missão dos Espíritos não é eximir-nos dessa obrigação. Aliás, não apenas estamos conscientes de que nem todos sabem tudo, como sabemos que entre eles, como sói acontecer entre os homens, existem pseudossábios, que julgam saber o que não sabem e falam daquilo que ignoram com imperturbável atrevimento. Pelo fato de um Espírito dizer que é o Sol que gira em torno da Terra, nem por isso essa teoria será mais verdadeira. Saibam, pois, aqueles que nos atribuem uma credulidade tão pueril, que tomamos toda opinião emitida por um Espírito como uma opinião pessoal; que não a aceitamos senão após havê-la submetido ao controle da lógica e dos meios de investigação que a própria ciência espírita nos fornece." ("S.P.E.E. — Discurso de encerramento do ano social 1858–1859".)

Revista Espírita — julho de 1859: "Ensinam nossos estudos que o mundo invisível que nos circunda reage constantemente sobre o mundo visível; eles no-lo mostram como uma das potências da Natureza. Conhecer os efeitos dessa força oculta que nos domina e subjuga mau grado nosso, não será ter a chave de mais de um problema, a explicação de uma multidão de fatos que passam despercebidos? Se esses efeitos podem ser funestos, conhecer a causa do mal não será ter um meio de preservar-se contra ele, como o conhecimento da eletricidade possibilitou-nos atenuar os efeitos desastrosos do raio? Se então sucumbirmos não poderemos nos queixar senão de nós mesmos, visto não termos a ignorância como desculpa. O perigo está no domínio que os

Espíritos maus exercem sobre os indivíduos, e esse domínio não é apenas funesto do ponto de vista dos erros de princípio que podem propagar, mas também do ponto de vista dos interesses materiais. Ensina a experiência que jamais é impunemente que nos abandonamos à sua dominação, desde que suas intenções nunca podem ser boas. Para chegar a tal fim, uma de suas táticas é a desunião, porque sabem muito bem que podem facilmente dominar quem se encontra privado de apoio. Assim, quando querem apoderar-se de alguém, o seu primeiro cuidado é sempre inspirar-lhe a desconfiança e o isolamento, a fim de que ninguém os possa desmascarar, esclarecendo as pessoas prejudicadas com conselhos salutares. Uma vez senhores do terreno, podem fasciná-las à vontade, através de promessas sedutoras, e subjugá-las por meio da lisonja às suas inclinações, aproveitando os lados fracos que descobrem para, em seguida, melhor fazê-las sentir a amargura das decepções, feri-las em seus afetos, humilhá-las em seu orgulho e, muitas vezes, soerguê-las por um instante tão só para precipitá-las de mais alto." ("S.P.E.E. — Discurso de encerramento do ano social 1858–1859".)

Para se premunir contra tais perigos, Allan Kardec nos dá o seguinte conselho:

Revista Espírita — julho de 1859: "[...] Primeiramente direi que, conforme o seu conselho [o conselho de seus guias], *nada aceito sem controle e sem exame*; não adoto uma ideia senão quando me parece racional, lógica, concorde com os fatos e as observações e se nada de sério vem contradizê-la. Mas meu julgamento não poderá ser um critério infalível.

O assentimento que encontrei da parte de numerosas pessoas mais esclarecidas do que eu me fornece a primeira garantia. Mas eu encontro outra, não menos preponderante, no caráter das comunicações que foram obtidas desde que me ocupo de Espiritismo. Posso dizer que jamais escapou uma só dessas palavras, um único desses sinais pelos quais sempre se traem os Espíritos inferiores, mesmo os mais astuciosos. Jamais dominação; jamais conselhos equívocos ou contrários à caridade e à benevolência; jamais prescrições ridículas. Longe disso; neles não encontrei senão pensamentos generosos, nobres, sublimes, isentos de pequenez e de mesquinharia. Numa palavra: suas relações comigo, nas menores como nas maiores coisas, sempre foram de tal modo que, se tivesse sido um homem a me falar, eu o teria considerado o melhor, o mais sábio, o mais prudente, o mais moralizado e o mais esclarecido.

Eis aí, senhores, os motivos de minha confiança, corroborada pela identidade do ensino dado a uma porção de outras pessoas, antes e depois da publicação de minhas obras.

[...] Pode-se diferir de opinião sobre pontos da ciência sem se morder nem atirar pedras, o que seria pouco digno e pouco científico. Procurai, pois, do vosso lado, como pesquisamos do nosso. O futuro dará razão a quem de direito. *Se nos enganarmos, o tolo amor-próprio não nos tornará obstinados por ideias falsas.* Há, porém, princípios sobre os quais temos certeza de não estar enganados: é o amor do bem, a abnegação, a abjuração de todo sentimento de inveja e de ciúme. Esses são os nossos princípios; com eles podemos sempre simpatizar sem nos comprometermos; é o laço que deve unir todos os homens de bem, seja qual for a divergência de suas opiniões. Somente o egoísmo interpõe uma barreira intransponível.

[...] Aconteça o que acontecer, minha vida está consagrada à obra que empreendemos e sentir-me-ei feliz se meus esforços puderem ajudar a fazê-la entrar no caminho sério que é a sua essência, o único que lhe pode assegurar o futuro. *A finalidade do Espiritismo é tornar melhores os que o compreendem.* Esforcemo-nos por dar o exemplo e mostremos que, para nós, a Doutrina não é uma letra morta. Numa palavra, *sejamos dignos dos Espíritos bons, se quisermos que eles nos assistam.* O bem é uma couraça contra a qual virão sempre se quebrar as armas da malevolência." (Grifos nossos.) ("S.P.E.E. — Discurso de encerramento do ano social 1858–1859".)

Revista Espírita — março de 1865: "As ideias do homem estão na razão do que ele sabe. Como todas as descobertas importantes, a da constituição dos mundos deveria imprimir-lhes outro curso; sob a influência desses conhecimentos novos, as crenças se modificaram; *o Céu foi deslocado* e a região estelar, sendo ilimitada, não mais lhe pode servir. *Onde está ele, pois?* E, ante esta questão, emudecem todas as religiões.

O Espiritismo vem resolvê-las demonstrando o verdadeiro destino do homem. Tomando-se por base a natureza deste último e os atributos divinos, chega-se a uma conclusão.

O homem compõe-se de corpo e Espírito; o Espírito é o ser principal, racional, inteligente; o corpo é o invólucro material que reveste o Espírito temporariamente, para preenchimento de sua missão na Terra e execução do trabalho necessário ao seu adiantamento. O corpo, usado, destrói-se, e o Espírito sobrevive à sua destruição. Privado do Espírito, o corpo é apenas matéria inerte, qual instrumento privado da mola que o faz agir; sem o corpo, o Espírito é tudo: a vida, a inteligência. Em deixando o corpo, torna ao Mundo Espiritual, de onde havia saído para reencarnar.

Existem, portanto, dois mundos: o *corporal*, composto de Espíritos encarnados; e o *espiritual*, formado de Espíritos desencarnados. [...]

Os Espíritos são criados simples e ignorantes, mas dotados de aptidão para tudo conhecerem e para progredirem, em virtude do seu livre-arbítrio. Pelo progresso adquirem novos conhecimentos, novas faculdades, novas percepções e, conseguintemente, novos gozos desconhecidos dos Espíritos inferiores; eles veem, ouvem, sentem e compreendem o que os Espíritos atrasados não podem ver, sentir, ouvir ou compreender. A felicidade está na razão direta do progresso realizado, de sorte que, de dois Espíritos, um pode não ser tão feliz quanto o outro, unicamente por não possuir o mesmo adiantamento intelectual e moral, sem que por isso precisem estar, cada qual, em lugar distinto. Ainda que juntos, pode um estar em trevas, enquanto tudo resplandece para o outro, tal como um cego e um vidente que se dão as mãos: este percebe a luz da qual aquele não recebe a mínima impressão. Sendo a felicidade dos Espíritos inerente às suas qualidades, haurem-na eles em toda parte em que se encontram, seja à superfície da Terra, no meio dos encarnados, ou no Espaço." ("Onde é o Céu?".)

O ESPIRITISMO — II

Revista Espírita — fevereiro de 1865: "A Doutrina Espírita muda inteiramente a maneira de encarar o futuro.

A vida futura não é mais uma hipótese, mas uma realidade; o estado das almas depois da morte não é mais um sistema, mas resultado da observação. O véu está levantado; o mundo invisível nos aparece em toda a sua realidade prática; não foram os homens que o descobriram pelo esforço de uma concepção engenhosa, são os próprios habitantes desse mundo que nos vêm descrever sua situação. Nós aí os vemos em todos os graus da escala espiritual, em todas as fases da felicidade e da desgraça; assistimos a todas as peripécias da vida de Além-Túmulo. Aí está para os espíritas a razão da calma com que encaram a morte, da serenidade de seus últimos instantes na Terra. O que os sustenta não é só a esperança, é a certeza; sabem que a vida futura é apenas a continuação da vida presente em melhores condições, e a esperam com a mesma confiança com que aguardam o nascer do sol, após uma noite de tempestade. Os motivos desta confiança estão nos fatos de que são testemunhas, e no acordo desses fatos com a lógica, a justiça e a bondade de Deus, e as aspirações íntimas do homem." ("Temor da morte".)

Revista Espírita — fevereiro de 1865: "O Espiritismo não se apartará da verdade e nada terá a temer das opiniões contraditórias, enquanto sua teoria científica e sua doutrina moral forem uma dedução dos fatos escrupulosa e conscienciosamente observados, sem preconceitos nem sistemas preconcebidos. É diante de uma observação mais completa, que todas as teorias prematuras e arriscadas, surgidas na origem dos fenômenos espíritas modernos, caíram e vieram fundir-se na imponente unidade que hoje existe, e contra a qual não se obstinam senão raras individualidades, que diminuem dia a dia. As lacunas que a teoria atual pode ainda conter encher-se-ão da mesma maneira. *O Espiritismo está longe de haver dito a última palavra quanto às suas consequências, mas é inquebrantável em sua base, porque esta base está assentada nos fatos.* (Grifo nosso.)

Que os espíritas, pois, nada receiem: o futuro lhes pertence; que deixem os adversários se debaterem sob a opressão da verdade, que os ofusca, porque toda denegação é impotente contra a evidência que, inegavelmente, triunfa pela própria força das coisas. É uma questão de tempo, e neste século o tempo marcha a passos de gigante, sob o impulso do progresso." ("Perpetuidade do Espiritismo".)

Revista Espírita — julho de 1868: "Por sua natureza e por seus princípios, o Espiritismo é essencialmente pacífico; é uma ideia que se infiltra sem ruído, e se encontra numerosos aderentes, é que agrada; jamais fez propaganda nem exibições quaisquer; forte pelas Leis Naturais, nas quais se apoia, vendo-se crescer sem esforços nem abalos, não vai ao encontro de ninguém, não violenta nenhuma consciência; diz o que é e espera que a ele venham. Todo o ruído que se fez a sua volta é obra de seus adversários; atacaram-no, ele teve que se defender, mas sempre o fez com calma, moderação e só pelo raciocínio; jamais se afastou da dignidade que é própria de toda causa que tem consciência de sua força moral; jamais usou de represálias, pagando injúria por injúria, maus procedimentos por maus procedimentos. Hão de convir que não é este o caráter ordinário dos partidos, turbulentos por natureza, fomentando a agitação e a quem tudo é bom para chegar aos fins. Mas, já que lhe dão este nome, ele o aceita, certo de que não o desonrará por qualquer excesso, pois repudiaria quem quer que dele se prevalecesse para suscitar a menor perturbação.

O Espiritismo seguia sua rota sem provocar qualquer manifestação pública, mas aproveitando a publicidade que lhe faziam os seus adversários; quanto mais a sua crítica era zombeteira, acerba e virulenta, tanto mais excitava a curiosidade dos que não o conheciam e que, para saberem como proceder diante dessa assim chamada nova excentricidade, iam simplesmente informar-se na fonte, isto é, nas obras especiais; estudavam-no e encontravam outra coisa do que tinham ouvido dizer. É um fato notório que as declamações furibundas, os anátemas e as perseguições ajudaram poderosamente a sua propagação, porque, em vez de lhe desviar a atenção, provocaram o seu exame, ainda que fosse pela atração do fruto proibido. As massas têm sua lógica; elas dizem que se uma coisa nada fosse, dela não falariam, e medem a sua importância precisamente pela violência dos ataques de que é objeto e pelo pavor que causa aos seus antagonistas." ("O partido espírita".)

Revista Espírita — abril de 1866: "Inscrevendo no frontispício do Espiritismo a suprema lei do Cristo, nós abrimos o caminho do *Espiritismo cristão*; temos, pois, motivos para desenvolver os seus princípios, bem como os caracteres do verdadeiro espírita sob esse ponto de vista.

Que outros possam fazer melhor que nós; não iremos contra, porque jamais dissemos: 'Fora de nós não há verdade.' Nossas instruções, pois, são para os que as acham boas; são aceitas livremente e sem constrangimento; traçamos uma rota e a segue quem quer; damos conselhos aos que no-los pedem, e não aos que julgam deles não precisar; não damos ordens a ninguém, pois não temos qualidades para tanto.

Quanto à supremacia, ela é toda moral e na adesão dos que partilham da nossa maneira de ver; não estamos investidos de nenhum poder oficial; não solicitamos nem reivindicamos nenhum privilégio; não nos conferimos nenhum título, e o único que tomaríamos com os partidários de nossas ideias é o de irmão em crença. Se nos consideram como seu chefe, é devido à posição que nos dão nossos trabalhos, e não em virtude de uma decisão qualquer. Nossa posição é a que qualquer um de nós poderia tomar antes de nós; nosso direito, o que tem todo mundo de trabalhar como entende e de correr o risco do julgamento público." ("O Espiritismo independente".)

Revista Espírita — outubro de 1866: "[o Espiritismo] Não diz: *Fora do Espiritismo não há salvação*, mas, com o Cristo: *Fora da caridade não há salvação*, princípio de união, de tolerância, que congraçará os homens num sentimento comum de fraternidade, em vez de os dividir em seitas inimigas. Por este outro princípio: *Fé inabalável só o é a que pode encarar frente a frente a razão, em todas as épocas da Humanidade*, destrói o império da fé cega, que aniquila a razão, da obediência passiva, que embrutece; emancipa a inteligência do homem e levanta o seu moral." ("Os tempos são chegados".)

Revista Espírita — dezembro de 1868: "Acrescentemos que a tolerância, fruto da caridade, que constitui a base da moral espírita, lhe impõe como um dever respeitar todas as crenças. Querendo ser aceita livremente, por convicção e não por constrangimento, proclamando a liberdade de consciência um direito natural imprescritível, diz: *Se tenho razão, todos acabarão por pensar como eu; se estou em erro, acabarei por pensar como os outros*. Em virtude destes princípios, não atirando pedras a ninguém, ela nenhum pretexto dará para represálias e deixará aos dissidentes toda a responsabilidade de suas palavras e de seus atos." ("Constituição transitória do Espiritismo — III: Dos cismas".)

AMIGOS INÁBEIS

Revista Espírita — março de 1863: "Todavia, se nada pode deter a marcha geral, há circunstâncias que podem provocar entraves parciais, como uma pequena barragem pode retardar o curso de um rio, sem o impedir de correr. Deste número são as atitudes irrefletidas de certos adeptos, mais zelosos que prudentes, que não calculam bem o alcance de seus atos ou de suas palavras, produzindo, por isso mesmo, uma impressão desfavorável sobre as pessoas ainda não iniciadas na Doutrina, mais própria a afastá-las que as diatribes dos adversários. Sem dúvida o Espiritismo está muito espalhado; contudo, estaria ainda mais se todos os adeptos tivessem seguido os conselhos da prudência e guardado uma prudente reserva. Sem dúvida é preciso levar-lhes em conta a intenção, mas é certo que mais de um tem justificado o provérbio: *Mais vale um inimigo confesso que um amigo inconveniente*. O pior disto é fornecer armas aos adversários, que sabem explorar habilmente uma inconveniência. Nunca seria demais recomendar aos espíritas que refletissem maduramente antes de agir. Em tais casos, manda a prudência não confiar em sua opinião pessoal. Hoje, que de todos os lados se formam grupos ou sociedades, nada mais simples que se pôr de acordo antes de agir. Não tendo em vista senão o bem da causa, o verdadeiro espírita sabe fazer abnegação do amor-próprio. Crer em sua própria infalibilidade, recusar o conselho da maioria e persistir num caminho que se demonstra mau e comprometedor não é a atitude de um verdadeiro espírita. Seria dar prova de orgulho, se não de obsessão." ("Falsos irmãos e amigos inábeis".)

★★★

Allan Kardec não deixa de nos prevenir contra as comunicações de certas categorias de Espíritos, recomendando-nos a todo instante quanto à necessidade de sempre passarmos os seus ditados ao crivo da consciência e da razão:

"[...] Esses pseudossábios falam de tudo, constroem sistemas, criam utopias ou ditam as coisas mais excêntricas, sentindo-se felizes quando encontram intérpretes complacentes e crédulos que lhes aceitam as elucubrações de olhos fechados. Esse tipo de publicação tem grave inconveniente, pois o médium, iludido e muitas vezes seduzido por nome apócrifo, tem-na como coisa séria, de que se apodera a crítica prontamente para denegrir o Espiritismo, ao passo que, com menos presunção, bastaria que se tivesse aconselhado com os colegas para ser esclarecido. É muito raro, neste caso, que o médium não ceda às injunções de um Espírito que, ainda como certos homens, quer ser publicado a qualquer preço. Com mais experiência ele saberia que *os Espíritos verdadeiramente superiores aconselham, mas não impõem nem adulam jamais*, e que toda prescrição imperiosa é um sinal suspeito.

[...] Em matéria de publicidade, portanto, toda circunspeção é pouca e não se calcularia com bastante cuidado o efeito que talvez produzisse sobre o leitor. Em resumo, é um grave erro crer-se obrigado a publicar tudo quanto ditam os Espíritos, porque, se os há bons e esclarecidos, também os há maus e ignorantes. Importa fazer uma escolha muito rigorosa de suas comunicações e suprimir tudo quanto for inútil, insignificante, falso, ou suscetível de produzir má impressão. *É preciso semear, sem dúvida, mas semear a boa semente e em tempo oportuno.*" (Grifos nossos.) (*Revista Espírita* — março de 1863: "Falsos irmãos e amigos inábeis".)

"Em todas as obras mediúnicas, antes de mais, convém dela afastar tudo quanto, sendo de interesse privado, só interessa àquele que lhe concerne; depois, tudo quanto é vulgar no estilo e nas ideias, ou pueril pelo assunto. Uma coisa pode ser excelente em si mesma, muito boa para servir de instrução pessoal, mas o que deve ser entregue ao público exige condições especiais. Infelizmente o homem é propenso a imaginar que tudo o que lhe agrada deve agradar aos outros. O mais hábil pode enganar-se; o importante é enganar-se o menos possível. Há Espíritos que se comprazem em fomentar essa ilusão em certos médiuns; por isso nunca seria demais recomendar a estes últimos que não confiassem em seu próprio julgamento. É nisto que os grupos são úteis: pela multiplicidade de opiniões que eles permitem colher. Aquele que, neste caso, recusasse a opinião da maioria, julgando-se mais iluminado que todos, provaria sobejamente a má influência sob a qual se acha.

[...] É nessas modalidades de trabalhos mediúnicos que temos notado mais sinais de obsessão, dos quais um dos mais frequentes é a injunção por parte do Espírito de os mandar imprimir; e alguns pensam erradamente que tal recomendação é suficiente para encontrar um editor atencioso que se encarregue da tarefa." (*Revista Espírita*, maio de 1863:"Exame das comunicações mediúnicas que nos são enviadas".)

Revista Espírita — novembro de 1864:"[...] Está provado que o Espiritismo é mais entravado pelos que o compreendem mal do que pelos que não o compreendem absolutamente, e, mesmo, pelos inimigos declarados. E é de notar que os que o compreendem mal geralmente têm a pretensão de o compreender melhor que os outros; e não é raro ver neófitos que, ao cabo de alguns meses, pretendem dar lições àqueles que adquiriram experiência em estudos sérios. Tal pretensão, que denuncia o orgulho, é uma prova evidente da ignorância dos verdadeiros princípios da Doutrina." ("O Espiritismo é uma ciência positiva — Alocução do Sr. Allan Kardec aos espíritas de Bruxelas e Antuérpia, em 1864".)

EXPLORAÇÃO DA MEDIUNIDADE

Um entusiasta muito crédulo, que se julgava enganado por um médium assalariado, perguntou a Allan Kardec se podia perseguir o impostor na justiça dos homens, enquanto o dito impostor aguardava o castigo da Justiça Divina, recebendo do Mestre a seguinte resposta:

Biografia de ALLAN KARDEC

Revista Espírita — março de 1865: "Lamento que tenhais podido pensar que eu servisse, fosse no que fosse, aos vossos desejos vindicativos, tomando providências para entregar os culpados à justiça. Era enganar-vos singularmente quanto ao meu papel, ao meu caráter e à minha compreensão dos verdadeiros interesses do Espiritismo. Se, como dizeis, sois realmente meu irmão em Deus, crede-me, implorai sua clemência e não a sua cólera, porque aquele que chama a cólera sobre outrem corre o risco a fazê-la cair sobre si mesmo." ("O processo Hillaire".)

Revista Espírita — dezembro de 1869: "Postos em moda pelo atrativo da curiosidade, constituindo um engodo, os fenômenos tentaram a cupidez dos que andam à cata do que surge como novidade, na esperança de encontrar aí uma porta aberta. As manifestações pareceram coisa maravilhosamente explorável e não faltou quem pensasse em fazer delas um auxiliar de seus negócios; para outros, eram uma variante da arte de adivinhação, um processo talvez mais seguro do que a cartomancia, a quiromancia, a borra de café etc., para se conhecer o futuro e descobrir coisas ocultas, uma vez que, segundo a opinião então corrente, os Espíritos tudo sabiam.

Vendo, afinal, essas pessoas que a especulação lhes escapava dentre os dedos e dava em mistificação, que os Espíritos não vinham ajudá-las a enriquecer, nem lhes indicar números que seriam premiados nas loterias, ou revelar-lhes a sorte, ou levá-las a descobrir tesouros, ou a receber heranças, nem ainda facultar-lhes uma invenção frutuosa de que tirassem patente; suprir-lhes em suma a ignorância e dispensá-las do trabalho intelectual e material, os Espíritos para nada serviam e suas manifestações não passavam de ilusões. Tanto essas pessoas deferiram louvores ao Espiritismo, durante todo o tempo em que esperaram auferir dele algum proveito, quanto o denegriram desde que chegou a decepção. Mais de um dos críticos que o vituperam tê-lo-iam elevado às nuvens se ele houvesse feito que descobrissem um tio rico na América, ou que ganhassem na Bolsa." ("Os desertores".)

Revista Espírita — março de 1866: "[...] Primeiramente diremos que o Espiritismo não pode ser responsável por indivíduos que indevidamente se fazem passar por médiuns, assim como a verdadeira ciência não é responsável pelos escamoteadores que se dizem físicos. Um charlatão pode, pois, dizer que opera com o auxílio dos Espíritos, como um prestidigitador diz que opera com a ajuda da Física. É um meio como qualquer outro de jogar poeira nos olhos; tanto pior para os que se deixam enganar. Em segundo lugar, condenando o Espiritismo a exploração da mediunidade, como contrária aos princípios da Doutrina, do ponto de vista moral e, além disso, demonstrando que ela não deve, nem pode, ser um ofício ou uma profissão, todo médium que não tira de sua faculdade qualquer proveito *direto* ou *indireto*, *ostensivo* ou *dissimulado*, afasta, por isso mesmo, até a suspeita de fraude ou de charlatanismo; desde que não é atraído por nenhum interesse material, a trapaça não teria sentido. O médium que compreende o que há de grave e santo num dom dessa natureza julgaria profaná-lo fazendo-o servir a coisas mundanas, para si e para os outros, ou se dele fizesse um objeto de divertimento e de curiosidade. Respeita os Espíritos como gostaria que o respeitassem, quando for Espírito, e deles não faz alarde. Ademais, sabe que a mediunidade não pode ser um meio de adivinhação; que não pode fazer descobrir tesouros, heranças, nem facilitar êxito nas coisas aleatórias; jamais será um ledor de 'buena-dicha', nem por dinheiro, nem por nada; daí por que jamais terá altercações com a justiça. Quanto à mediunidade curadora, ela existe, é certo, mas está subordinada a condições restritivas, que excluem a possibilidade de consultório aberto, sem suspeitas de charlatanismo. É uma obra de devotamento e de sacrifício, e não de especulação. Exercida com desinteresse, prudência e discernimento, e encerrada nos limites traçados pela Doutrina, não pode cair sob os golpes da lei.

Em resumo, o médium, segundo os desígnios da Providência e a visão do Espiritismo, seja artífice ou príncipe, pois os há nos palácios e nas choupanas, recebeu um mandato que cumpre religiosamente e com dignidade; vê em sua faculdade apenas um meio para glorificar a Deus e servir ao próximo, e não um instrumento para servir aos seus interesses ou satisfazer a sua vaidade; faz-se estimar e respeitar por sua simplicidade, modéstia e abnegação, o que não sucede com os que dele buscam fazer um trampolim." ("O Espiritismo e a magistratura".)

Revista Espírita — outubro de 1867: "O desinteresse material, que é um dos atributos essenciais da mediunidade curadora, será, também, uma das condições da medicina mediúnica? Como, então, conciliar as exigências da profissão com uma abnegação absoluta?

Isto requer algumas explicações, porque a posição já não é a mesma.

A faculdade do médium curador nada lhe custou; não lhe exigiu estudo, nem trabalho, nem despesas; recebeu-a gratuitamente, para o bem dos outros, e deve usá-la gratuitamente. Como antes de tudo é preciso viver, se o médium não tiver, por si mesmo, recursos que o tornem independente, deve achar os meios no seu trabalho ordinário, como o teria feito antes de conhecer a mediunidade; *só deve dar ao exercício de sua faculdade o tempo que lhe pode consagrar materialmente*. Se tira esse tempo de seu repouso, e se o emprega em tornar-se útil aos semelhantes o que teria consagrado a distrações mundanas, pratica o verdadeiro devotamento, e nisto só tem mais mérito. Os Espíritos não pedem mais e não exigem nenhum sacrifício insensato. Não se poderia considerar devotamento e abnegação o abandono de seu trabalho para entregar-se a uma condição menos penosa e mais lucrativa. Na proteção que concedem, os Espíritos, aos quais não nos podemos impor, sabem perfeitamente distinguir os devotamentos reais dos devotamentos factícios." (Grifo nosso) ("Os médicos-médiuns".)

FRAUDES ESPÍRITAS

Revista Espírita — abril de 1859: "Do fato de haver charlatães que preconizam drogas nas praças públicas, mesmo de haver médicos que, sem irem à praça pública, iludem a confiança de seus clientes, seguir-se-á que todos os médicos são charlatães e que a classe médica haja perdido a consideração que merece? De haver indivíduos que vendem tintura por vinho, segue-se que todos os negociantes de vinho são falsificadores e que não há vinho puro? De tudo se abusa, mesmo das coisas mais respeitáveis, e bem se pode dizer que também a fraude tem o seu gênio, mas a fraude sempre visa a um fim, a um interesse material qualquer; onde nada há a ganhar, nenhum interesse há em enganar. Foi por isso que dissemos, em nosso número anterior, a propósito dos médiuns mercenários, que a melhor de todas as garantias é o desinteresse absoluto." ("Fraudes espíritas".)

Revista Espírita — fevereiro de 1869: "Estigmatizando a exploração, como temos feito, temos certeza de haver preservado a Doutrina de um verdadeiro perigo, perigo maior que a má vontade de seus antagonistas confessos, porque caminhava para o seu descrédito; por isso mesmo, ela lhes teria apresentado um lado vulnerável, ao passo que eles se detiveram ante a pureza de seus princípios. Não ignoramos que contra nós suscitamos a animosidade dos exploradores e que nos afastamos de seus partidários. Mas que importa? Nosso dever é resguardar os interesses da Doutrina, e não os deles, e esse dever nós cumpriremos com perseverança e firmeza até o fim." ("O poder do ridículo".)

Revista Espírita — março de 1864: "Mas não é só contra a cupidez que os médiuns devem resguardar-se. Como os há em todas as camadas da sociedade, a maioria está acima desta tentação; mas há um perigo muito maior, pois a ele todos estão expostos: o orgulho, que põe a perder tão grande número. É contra esse escolho que as mais belas faculdades muitas vezes vêm aniquilar-se. *O desinteresse material não tem proveito se não for acompanhado do mais completo desinteresse moral. Humildade, devotamento, desinteresse e abnegação são as qualidades do médium amado pelos Espíritos bons.*" (Grifo nosso.) ("Variedades — Uma tentação".)

***

Revista Espírita — janeiro de 1867: "É preciso imaginar que estamos em guerra e que os inimigos estão à nossa porta, prontos para aproveitar a ocasião favorável e que arrebanharão inteligências no próprio lugar.

Que fazer nesta ocorrência? Uma coisa muito simples: fechar-se nos estritos limites dos preceitos da Doutrina; *esforçar-se em mostrar o que ela é por seu próprio exemplo* e declinar toda solidariedade com o que pudesse ser feito em seu nome e que fosse capaz de desacreditá-la, porque não seria este o caso de adeptos sérios e convictos. *Não basta dizer-se espírita; aquele que o é de coração o prova por seus atos.* (Grifos nossos.) Não pregando a Doutrina senão o bem, o respeito às leis, a caridade, a tolerância e a benevolência para com todos; repudiando toda violência feita à consciência de outrem; todo charlatanismo, todo pensamento interesseiro no que concerne às relações com os Espíritos e todas as coisas contrárias à moral evangélica, aquele que não se afasta da linha traçada não pode incorrer em censuras fundadas, nem em perseguições legais; mais ainda: quem quer que tome a Doutrina como regra de conduta, não pode senão granjear estima e consideração das pessoas imparciais. Diante do bem, a própria incredulidade zombeteira se inclina e a calúnia não pode sujar o que está sem mancha. É nessas condições que o Espiritismo atravessará as tempestades que serão amontoadas em sua estrada e que sairá triunfante de todas as lutas." ("Olhar retrospectivo sobre o Movimento Espírita".)

***

Biografia de ALLAN KARDEC

Revista Espírita — janeiro de 1864: "[...] A moderação dos espíritas é o que surpreende e mais contraria os adversários; tudo farão para os tirar de lá, até mesmo a provocação; mas eles saberão frustrar essas manobras por sua prudência, como já o fizeram em mais de uma ocasião, e não cair nas armadilhas que lhes estenderão; aliás, verão os instigadores se emaranharem em seus próprios fios, pois é impossível que, mais cedo ou mais tarde, não se deixem descobrir. Será um momento mais difícil a passar que o da guerra aberta, onde se vê o inimigo face a face; porém, quanto mais rude a prova, tanto maior será o triunfo.

Aliás, esta campanha tem tido imenso resultado: o de provar a impotência das armas dirigidas contra o Espiritismo; os homens mais capazes do partido contrário entraram na liça; todos os recursos da argumentação foram empregados e, não tendo sofrido o Espiritismo, cada um ficou convencido de que não se lhe podia opor nenhuma razão peremptória; a maior prova da falta de boas razões foi terem recorrido ao triste e ignóbil expediente da calúnia. Contudo, por mais que quisessem fazer o Espiritismo dizer o contrário do que diz, a Doutrina aí está, escrita em termos tão claros que desafiam toda falsa interpretação, *razão por que o odioso da calúnia recai sobre os que a empregam e os convence de sua impotência*.

O estado do Espiritismo, em 1863, pode ser assim resumido: ataques violentos; multiplicação de escritos a favor e contra; movimento nas ideias; notável extensão da Doutrina, mas sem sinais exteriores capazes de produzir uma sensação geral; as raízes se estendem, crescem os rebentos, esperando que a árvore desenvolva os seus ramos. O momento de sua maturidade ainda não chegou." ("Estado do Espiritismo em 1863".)

Revista Espírita — julho de 1864: "A oposição feita a uma ideia está sempre na razão de sua importância. Se o Espiritismo fosse uma utopia, dele não se teriam ocupado, como de tantas outras teorias. A obstinação da luta é indício certo de que o levam a sério. Mas se há luta entre o Espiritismo e o clero, a História dirá quais foram os agressores. Os ataques e as calúnias de que foi objeto o forçaram a devolver as armas que lhe atiravam e a mostrar o lado vulnerável de seus adversários. Perseguindo-o, detiveram sua marcha? Não, certamente. Se o tivessem deixado em paz, nem o nome do clero teria sido pronunciado e talvez este tivesse vencido. Atacando-o em nome dos dogmas da Igreja, forçaram-no a discutir o valor das objeções e, por isso mesmo, a entrar num terreno que ele não tinha intenção de enveredar. A missão do Espiritismo é combater a incredulidade pela evidência dos fatos, reconduzir a Deus os que o desconheciam, provar o futuro aos que criam no nada. Então, por que hoje a Igreja lança mais anátemas sobre aqueles aos quais dá fé, do que quando em nada criam? Repelindo os que creem em Deus e na alma graças ao Espiritismo, é constrangê-los a buscar refúgio fora da Igreja. Quem primeiro proclamou que o Espiritismo era uma religião nova, com seu culto e seus sacerdotes, senão o clero? Onde se viu, até agora, o culto e os sacerdotes do Espiritismo? *Se algum dia tornar-se uma religião, é o clero que o terá provocado*." (Grifo nosso.) ("Reclamação do abade Barricand".)

NOVA TÁTICA DOS ADVERSÁRIOS

Como o auto de fé de Barcelona não saciou o ódio do clero contra o Espiritismo e os espíritas, a Congregação de Roma incluiu *O livro dos espíritos,* *O livro dos médiuns* e a *Imitação do evangelho segundo o espiritismo* no seu famoso *Índex* de livros proibidos. Longe de entristecer-se com essa nova prova de intolerância clerical, Allan Kardec regozijou-se com ela:

Revista Espírita — julho de 1864: "Seja como for, os livros espíritas foram postos no *Índex*. Tanto melhor, porque muitos dos que ainda não os leram irão devorá-los. Tanto melhor! porque de dez pessoas que os percorrem pelo menos sete se convencerão ou ficarão fortemente abaladas e desejosas de estudar os fenômenos espíritas; tanto melhor, porque os nossos próprios adversários, vendo seus esforços redundar em resultados diametralmente opostos aos que esperavam, ligar-se-ão a nós, se forem sinceros, desinteressados e possuírem as luzes que seu ministério comporta. Aliás, assim o quer a Lei de Deus: nada no mundo pode ficar eternamente estacionário, *pois tudo progride e a ideia religiosa deve seguir o progresso geral, se não quiser desaparecer.*" (Grifo nosso.) ("Extrato da *Revista Espírita de Antuérpia*, sobre a cruzada contra o Espiritismo, junho de 1863".)

Revista Espírita — junho de 1865: "Jamais uma doutrina filosófica dos tempos modernos causou tanta emoção quanto o Espiritismo, e nenhuma foi atacada com tamanha obstinação. É prova evidente de que lhe reconhecem mais vitalidade e raízes mais profundas que nas outras, já que não se toma de uma picareta para arrancar um pé de erva. Longe de se apavorarem, os espíritas devem regozijar-se com isto, pois prova a importância e a verdade da Doutrina. Se esta não passasse de uma ideia efêmera e sem consistência, de uma mosca que voa, não a atacariam com tanta violência; se fosse falsa, haveriam de combatê-la com argumentos sólidos, que já teriam triunfado sobre ela. Mas, desde que nenhum dos que lhe opõem foi capaz de detê-la, é que ninguém encontrou o seu calcanhar de aquiles. Contudo, nem *faltaram* boa vontade nem talento aos seus antagonistas." ("Nova tática dos adversários do Espiritismo".)

Revista Espírita — junho de 1865: "O Espiritismo marcha em meio a adversários numerosos que, não o tendo podido tomar à força, tentam tomá-lo pela astúcia; insinuam-se por toda parte, sob todas as máscaras e até nas reuniões íntimas, na esperança de aí surpreender um fato ou uma palavra que muitas vezes terão provocado, e que esperam explorar em seu proveito. Comprometer o Espiritismo e torná-lo ridículo, tal é a tática, com o auxílio da qual esperam desacreditá-lo a princípio, para mais tarde terem um pretexto para mandar interditar, se possível, o seu exercício público. É a armadilha contra a qual devemos nos precaver, porque é lançada de todos os lados, e na qual, sem o querer, são apanhados os que se deixam levar pelas sugestões dos Espíritos enganadores e mistificadores." ("Nova tática dos adversários do Espiritismo".)

★★★

Revista Espírita — dezembro de 1869: "[...] *Trabalhamos para compreender, por enriquecer a nossa inteligência e o nosso coração; lutamos com os outros, mas lutamos com caridade e abnegação. O amor do próximo inscrito em nosso estandarte é a nossa divisa; a pesquisa da verdade, venha donde vier, o nosso único objetivo.*

Com tais sentimentos, enfrentamos a zombaria dos nossos adversários e as tentativas dos nossos competidores. Se nos enganarmos, não teremos o tolo amor-próprio que nos leve a obstinar-nos em ideias falsas; há, porém, princípios acerca dos quais podemos todos estar seguros de não nos enganarmos nunca: o amor do bem, a abnegação, a proscrição de todo sentimento de inveja e de ciúme. Estes princípios são os nossos; vemos neles os laços que prenderão todos os homens de bem, qualquer que seja a divergência de suas opiniões. Somente o egoísmo e a má-fé erguem entre eles barreiras intransponíveis. (Grifo nosso.)

Mas qual será a consequência de semelhante estado de coisas? Indubitavelmente, o proceder dos falsos irmãos poderá de momento acarretar algumas perturbações parciais, pelo que todos os esforços devem ser empregados para levá-las ao malogro, tanto quanto possível; essas perturbações, porém, pouco tempo necessariamente durarão e não poderão ser prejudiciais ao futuro: primeiro, porque são simples manobras de oposição, fadadas a cair pela força mesma das coisas; depois, digam o que disserem, ou façam o que fizerem, ninguém seria capaz de privar a Doutrina do seu caráter distintivo, da sua filosofia racional e lógica, da sua moral consoladora e regeneradora. Hoje, estão lançadas de forma inabalável as bases do Espiritismo; os livros, escritos sem equívoco e postos ao alcance de todas as inteligências, serão sempre a expressão clara e exata do ensino dos Espíritos e o transmitirão intacto aos que nos sucederem.

Insta não perder de vista que estamos num momento de transição e que nenhuma transição se opera sem conflito. Ninguém, pois, deve espantar-se de que certas paixões se agitem, por efeito de ambições malogradas, de interesses feridos, de pretensões frustradas. Pouco a pouco, porém, tudo se extingue, a febre se abranda, os homens passam e as novas ideias permanecem. *Espíritas, se quereis ser invencíveis, sede benévolos e caridosos; o bem é uma couraça contra a qual sempre se quebrarão as manobras da malevolência!...*" (Grifo nosso.) ("Os desertores".)

Revista Espírita — setembro de 1865: "[...] Enquanto se espera, façamos o maior bem possível com o auxílio do Espiritismo; façamo-lo mesmo aos nossos inimigos, ainda que tivéssemos de ser pagos com ingratidão, pois é o melhor meio de vencer certas resistências e de provar que o Espiritismo não é assim tão negro como alguns o pretendem." ("Mediunidade curadora".)

★★★

Revista Espírita — novembro de 1864: "O Espiritismo, repito, ao demonstrar, não por hipótese, mas por fatos, a existência do mundo invisível e o futuro que nos aguarda, muda completamente o curso das ideias; dá ao homem a força moral, a coragem e a resignação, porque não mais trabalha apenas pelo presente, mas pelo futuro; sabe que se não gozar hoje, gozará amanhã. Demonstrando a ação do elemento espiritual sobre o mundo material, amplia o domínio da Ciência e, por isso mesmo, abre nova via ao progresso material. Então terá o homem uma base sólida para o estabelecimento da ordem moral na Terra; compreenderá melhor a solidariedade que existe entre os seres deste mundo, já que esta solidariedade se perpetua indefinidamente; a fraternidade deixa de ser palavra vã; ela mata o egoísmo, em vez de por ele ser morta e, muito naturalmente, o homem imbuído destas ideias a elas conformará suas leis e suas instituições sociais." ("O Espiritismo é uma ciência positiva — Alocução do Sr. Allan Kardec aos espíritas de Bruxelas e Antuérpia, em 1864".)

Revista Espírita — janeiro de 1864: "[...] *A caridade e a fraternidade se reconhecem por suas obras, e não por palavras;* é uma medida de apreciação que não enganará senão os que se cegam quanto ao seu próprio mérito, mas não a terceiros desinteressados; é a pedra de toque, pela qual se reconhece a sinceridade de sentimentos. E em Espiritismo, quando se fala de caridade, sabe-se que não se trata apenas daquela que dá, mas também, e sobretudo, da que esquece e perdoa, que é benevolente e indulgente, que repudia todo sentimento de ciúme e de rancor. Toda reunião espírita que não se funde sobre o princípio da verdadeira caridade será mais prejudicial que útil à causa, porque tenderá a dividir, em vez de unir; aliás, traria em si mesma o seu elemento destruidor. Assim, nossas simpatias pessoais serão sempre conquistadas por todas que provarem, por seus atos, o Espírito bom que as anima, porque os Espíritos bons não podem inspirar senão o bem." (Grifo nosso.) ("Inauguração de vários grupos e sociedades espíritas".)

★★★

Revista Espírita — setembro de 1867: "Um último caráter da revelação espírita, a ressaltar das condições mesmas em que ela se produz, é que, apoiando-se em fatos, tem que ser, e não pode deixar de ser, essencialmente progressiva, como todas as ciências de observação. Pela sua substância, alia-se à Ciência que, sendo a exposição das Leis da Natureza, com relação a certa ordem de fatos, não pode ser contrária às Leis de Deus, autor daquelas leis. *As descobertas que a Ciência realiza, longe de o rebaixarem, glorificam a Deus; unicamente destroem o que os homens edificaram sobre as falsas ideias que formaram de Deus.*

O Espiritismo, pois, não estabelece como princípio absoluto senão o que se acha evidentemente demonstrado, ou o que ressalta logicamente da observação. Relacionando-se com todos os ramos da economia social, aos quais dá o apoio das suas próprias descobertas, assimilará sempre todas as doutrinas progressivas, de qualquer ordem que sejam, desde que hajam assumido o estado de *verdades práticas* e abandonado o domínio da utopia, sem o que ele se suicidaria. Deixando de ser o que é, mentiria à sua origem e ao seu fim providencial. *Caminhando de par com o progresso, o Espiritismo jamais será ultrapassado, porque, se novas descobertas lhe demonstrassem estar em erro acerca de um ponto qualquer, ele se modificaria nesse ponto. Se uma verdade nova se revelar, ele a aceitará."* ("Caráter da revelação espírita".)

RESPOSTA AOS DETRATORES

Revista Espírita — setembro de 1869: "O Espiritismo não é solidário com aqueles a quem apraza dizerem-se espíritas, do mesmo modo que a Medicina não o é com os que a exploram, nem a sã religião com os abusos e até crimes que se cometam em seu nome. Ele não reconhece como seus adeptos senão os que lhe praticam os ensinos, isto é, que trabalham por melhorar-se moralmente, esforçando-se por vencer os maus pendores, por ser menos egoístas e menos orgulhosos, mais brandos, mais humildes, mais caridosos para com o próximo, mais moderados em tudo, porque é essa a característica do verdadeiro espírita.

[...]

O conhecimento das leis que regem o princípio espiritual prende-se de modo direto à questão do passado e do futuro do homem. Cinge-se a sua vida à existência atual? Ao entrar neste mundo, vem ele do nada e volta para o nada ao deixá-lo? Já viveu e ainda viverá? *Como viverá e em que condições?* Numa palavra: donde vem ele e para onde vai? Por que está na Terra e por que sofre aí? Tais as questões que cada um faz a si mesmo, porque são para toda gente de capital interesse e às quais ainda nenhuma doutrina deu solução racional. A que lhe dá o Espiritismo, baseada em fatos, por satisfazer às exigências da lógica e da mais rigorosa justiça, constitui uma das causas principais da rapidez de sua propagação.

O Espiritismo não é uma concepção pessoal, nem o resultado de um sistema preconcebido. É a resultante de milhares de observações feitas sobre todos os pontos do globo e que convergiram para um centro que os coligiu e coordenou. Todos os seus princípios constitutivos, sem exceção de nenhum, são deduzidos da experiência. Esta precedeu sempre a teoria.

Assim, desde o começo, o Espiritismo lançou raízes por toda parte. A História nenhum exemplo oferece de uma doutrina filosófica ou religiosa que, em dez anos, tenha conquistado tão grande número de adeptos. Entretanto, não empregou, para se fazer conhecido, nenhum dos meios vulgarmente em uso; propagou-se por si mesmo, pelas simpatias que inspirou.

[...]

Verifica-se também que a disseminação do Espiritismo seguiu, desde os seus primórdios, marcha sempre ascendente, a despeito de tudo quanto fizeram seus adversários para entravá-la e para lhe desfigurar o caráter, com o fito de desacreditá-lo na opinião pública. É mesmo de notar-se que tudo o que hão tentado com esse propósito lhe favoreceu a difusão; o arruído que provocaram por ocasião do seu advento fez que viessem a conhecê-lo muitas pessoas que antes nunca ouviram falar dele; quanto mais procuraram denegri-lo ou ridicularizá-lo, tanto mais despertaram a curiosidade geral e, como todo exame só lhe pode ser proveitoso, o resultado foi que seus opositores se constituíram, sem o quererem, ardorosos propagandistas seus. Se as diatribes nenhum prejuízo lhe acarretaram, é que os que o estudaram em suas legítimas fontes o reconheceram muito diverso do que o tinham figurado.

Nas lutas que precisou sustentar, os imparciais lhe testificaram a moderação; ele nunca usou de represálias com os seus adversários, nem respondeu com injúrias às injúrias.

O Espiritismo é uma doutrina filosófica de efeitos religiosos, como qualquer filosofia espiritualista, pelo que forçosamente vai ter às bases fundamentais de todas as religiões: Deus, a alma e a vida futura. Mas não é uma religião constituída, visto que não tem culto, nem rito, nem templos e que, entre os seus adeptos, nenhum tomou, nem recebeu o título de sacerdote ou de sumo sacerdote. Estes qualificativos são de pura invenção da crítica.

É-se espírita pelo só fato de simpatizar com os princípios da Doutrina e por conformar com esses princípios o proceder. Trata-se de uma opinião como qualquer outra, que todos têm o direito de professar, como têm o de ser judeu, católico, protestante, simonista, voltairiano, cartesiano, deísta e, até, materialista. (Grifo nosso.)

O Espiritismo proclama a liberdade de consciência como direito natural; reclama-a para os seus adeptos, do mesmo modo que para toda a gente. Respeita todas as convicções sinceras e faz questão da reciprocidade. (Grifo nosso.)

Da liberdade de consciência decorre o direito de *livre-exame* em matéria de fé. *O Espiritismo combate a fé cega*, porque ela impõe ao homem que abdique da sua própria razão; considera sem raiz toda fé imposta, donde o inscrever entre suas máximas: *Fé inabalável é somente a que pode encarar frente a frente a razão, em todas as épocas da Humanidade.*

Coerente com seus princípios, o Espiritismo não se impõe a quem quer que seja; quer ser aceito livremente e por efeito de convicção. Expõe suas doutrinas e acolhe os que voluntariamente o procuram.

Não cuida de afastar pessoa alguma das suas convicções religiosas; não se dirige aos que possuem uma fé e a quem essa fé basta; dirige-se aos que, insatisfeitos com o que se lhes dá, pedem alguma coisa melhor." ("Ligeira resposta aos detratores do Espiritismo".)

OS TEMPOS SÃO CHEGADOS

Para completar este estudo sobre Allan Kardec e sua obra, e precisar o objetivo que o Mestre queria assinalar ao Espiritismo, julgamos por bem reproduzir, para terminar, as seguintes passagens do último capítulo de *A gênese*: "Os tempos são chegados."[29]

"A vida espiritual é a vida normal e eterna do Espírito, e a encarnação é apenas uma forma temporária de sua existência. Salvo a vestimenta exterior, há, pois, identidade entre os encarnados e os desencarnados; são as mesmas individualidades sob dois aspectos diversos, ora pertencendo ao mundo visível, ora ao mundo invisível, encontrando-se ora num, ora noutro, concorrendo, num e noutro, para o mesmo objetivo, por meios apropriados à sua situação.

Desta lei decorre a da perpetuidade das relações entre os seres; a morte não os separa, não põe termo às suas relações simpáticas e nem aos seus deveres recíprocos. *Daí a solidariedade de todos para cada um, e de cada um para todos; daí, também, a fraternidade.* Os homens só viverão felizes na Terra quando esses dois sentimentos tiverem entrado em seus corações e em seus costumes, porque, então, a eles sujeitarão suas leis e suas instituições. Será este um dos principais resultados da transformação que se opera.

---

[29] Nota do tradutor: Na verdade, as passagens citadas por Henri Sausse foram extraídas *da Revista Espírita* de outubro de 1866, que, com alguns acréscimos e supressões, serviram de base ao derradeiro capítulo de *A gênese*.

Mas como conciliar os deveres da solidariedade e da fraternidade com a crença de que a morte torna os homens para sempre estranhos uns aos outros? Pela Lei da Perpetuidade das Relações que ligam todos os seres, o Espiritismo funda esse duplo princípio sobre as próprias Leis da Natureza; disto faz não só um dever, mas uma necessidade. Pela Lei da Pluralidade das Existências o homem se liga ao que está feito e ao que será feito, aos homens do passado e aos do futuro; não mais poderá dizer que nada tem de comum com os que morrem, pois uns e outros se encontram incessantemente, neste e no outro mundo, para subirem juntos a escada do progresso e se prestarem mútuo apoio. A fraternidade não está mais circunscrita a alguns indivíduos, que o acaso reúne durante uma vida efêmera; é perpétua como a vida do Espírito, universal como a Humanidade, que constitui uma grande família, cujos membros, em sua totalidade, são solidários uns com os outros, *seja qual for a época em que tenham vivido.*

Tais são as ideias que ressaltam do Espiritismo, e que ele suscitará entre todos os homens, quando estiver universalmente espalhado, compreendido, ensinado e praticado. Com o Espiritismo a fraternidade, sinônimo da caridade pregada pelo Cristo, não é mais uma palavra vã; tem a sua razão de ser. Do sentimento da fraternidade nasce o da reciprocidade e dos deveres sociais, de homem a homem, de povo a povo, de raça a raça. Destes dois sentimentos bem compreendidos sairão, forçosamente, as mais proveitosas instituições para o bem-estar de todos.

A fraternidade deve ser a pedra angular da nova ordem social. (Grifo nosso.) Mas não haverá fraternidade real, sólida e efetiva se não for apoiada em base inabalável; esta base é a fé; não a fé em tais ou quais dogmas particulares, que mudam com os tempos e os povos e se atiram pedras, porque, anatematizando-se, entretêm o antagonismo; mas a fé nos princípios fundamentais que todo o mundo pode aceitar: *Deus, a alma, o futuro, o progresso individual indefinido, a perpetuidade das relações entre os seres*. Quando todos os homens estiverem convictos de que Deus é o mesmo para todos, que esse Deus, soberanamente justo e bom, nada pode querer de injusto, que o mal vem dos homens e não dele, olhar-se-ão como filhos de um mesmo pai e se darão as mãos. É esta fé que dá o Espiritismo e que, de agora em diante, será o pivô sobre o qual se moverá o gênero humano, seja quais forem sua maneira de adorar e suas crenças particulares, que o Espiritismo respeita, mas das quais não deve se ocupar. Somente desta fé pode sair o verdadeiro progresso moral, porque só ela dá uma sanção lógica aos direitos legítimos e aos deveres; sem ela, o direito é o que é dado pela força; o dever, um código humano imposto pela violência. Sem ela, que é o homem? Um pouco de matéria que se dissolve, um ser efêmero que apenas passa; o próprio gênio não é senão uma centelha que brilha um instante, para extinguir-se para sempre; por certo não há nisto muito para o erguer aos seus próprios olhos. Com tal pensamento, onde estão, realmente, os direitos e os deveres? Qual o objetivo do progresso? Somente esta fé faz o homem sentir sua dignidade pela perpetuidade e pela progressão de seu ser, não num futuro mesquinho e circunscrito à personalidade, mas grandioso e esplêndido; seu pensamento o eleva acima da Terra; sente-se crescer, pensando que tem seu papel no Universo, e que esse Universo é o seu domínio, que um dia poderá percorrer, e que a morte não fará dele uma nulidade, ou um ser inútil a si mesmo e aos outros.

    O progresso intelectual realizado até hoje nas mais vastas proporções é um grande passo, e marca a primeira fase da Humanidade, mas apenas ele é impotente para a regenerar. Enquanto o homem for dominado pelo orgulho e pelo egoísmo, utilizará sua inteligência e seus conhecimentos em benefício de suas paixões e de seus interesses pessoais, razão por que os aplica no aperfeiçoamento dos meios de prejudicar os outros e de se destruírem mutuamente. *Só o progresso moral pode assegurar a felicidade dos homens na Terra, pondo um freio nas más paixões; somente ele pode fazer reinarem a concórdia, a paz, a fraternidade.* (Grifo nosso.) É ele que derrubará a barreira dos povos, que fará caírem os preconceitos de casta e calar os antagonismos de seitas, ensinando os homens a se olharem como irmãos, chamados a se ajudarem mutuamente, e não a viverem uns à custa dos outros. É ainda o progresso moral, aqui secundado pelo progresso da inteligência, que confundirá os homens numa mesma crença, estabelecida sobre verdades eternas, não sujeitas à discussão e, por isso mesmo, por todos aceitas. A unidade de crença será o laço mais poderoso, o mais sólido fundamento da fraternidade universal, em todos os tempos quebrada pelos antagonismos religiosos, que dividem os povos e as famílias, que fazem ver no próximo inimigos que é preciso fugir, combater, exterminar, em vez de irmãos que devem ser amados." ("Os tempos são chegados" — *Revista Espírita*, outubro de 1866.)

Notas Complementares

A certeza bem firmada de sua missão, sua autenticidade e a amplitude da obra que lhe cumpria realizar, assim como a escolha de seu sucessor, foram sempre, para Allan Kardec, objeto de atenta preocupação. Para que o leitor possa ter uma ideia da importância que o Mestre ligava a essas questões, creio ser proveitoso reproduzir aqui estas notas, extraídas de suas *Obras póstumas*. — H. S.

PRIMEIRA REVELAÇÃO DA MINHA MISSÃO

(Em casa do Sr. Roustan; médium: Srta. Japhet)
30 de abril de 1856

Eu assistia, desde algum tempo, às sessões que se realizavam em casa do Sr. Roustan e começara aí a revisão do meu trabalho, que posteriormente formaria *O livro dos espíritos*. Numa dessas sessões, muito íntima, a que apenas assistiam sete ou oito pessoas, falavam estas de diferentes coisas relativas aos acontecimentos capazes de levar a uma transformação social, quando o médium, tomando da cesta, escreveu espontaneamente o que se segue:

"Quando o bordão soar, abandoná-lo-eis; apenas aliviareis o vosso semelhante; individualmente o magnetizareis, a fim de curá-lo. Depois, cada um no posto que lhe foi preparado, visto que nada se dispensará, pois tudo será destruído, ao menos temporariamente. Deixará de haver religião *e uma se fará necessária, mas verdadeira, grande, bela* e digna do Criador... Seus primeiros alicerces já foram colocados... Quanto a ti, Rivail, a tua missão é aí. (Livre, a cesta se voltou rapidamente para o meu lado, como o teria feito uma pessoa que me apontasse com o dedo.) A ti, M..., a espada que não fere, porém mata; contra tudo o que é, serás tu o primeiro a vir. Ele, Rivail, virá em segundo lugar: é o obreiro que reconstrói o que foi demolido."

> NOTA – Foi essa a primeira revelação positiva da minha missão e confesso que, quando vi a cesta voltar-se bruscamente para o meu lado e designar-me nominalmente, não consegui evitar certa emoção.

MINHA MISSÃO

(Em casa do Sr. Roustan; médium: Srta. Japhet)
7 de maio de 1856

Pergunta (a Hahnemann) – Outro dia, os Espíritos me disseram que eu tinha uma importante missão a cumprir e me indicaram o seu objeto. Gostaria de saber se confirmas isso.

Resposta – Sim, e se observares as tuas aspirações, as tuas tendências e o objeto quase constante das tuas meditações, não te surpreenderás com o que te foi dito. Tens que cumprir aquilo com que sonhas desde longo tempo. É preciso que nisso trabalhes ativamente, para estares pronto, pois o dia está mais próximo do que supões.

P. – Para desempenhar essa missão tal como a concebo, são-me necessários meios de execução que ainda não se acham ao meu alcance.
R. – Deixa que a Providência faça a sua obra e serás satisfeito."

MINHA MISSÃO

(Em casa do Sr. C...; médium: Srta. Aline C...)
12 de junho de 1856
Pergunta (à Verdade) – Espírito bom, gostaria de saber o que pensas da missão que alguns Espíritos me assinalaram. Dize-me, peço-te, se é uma prova para o meu amor-próprio. Como sabes, tenho o maior desejo de contribuir para a propagação da verdade, mas, do papel de simples trabalhador ao de missionário-chefe, a distância é grande e não compreendo o que possa justificar em mim tal favor, de preferência a tantos outros que possuem talentos e qualidades de que não disponho.
Resposta – Confirmo o que te foi dito, mas recomendo-te muita discrição, se quiseres sair-te bem. Mais tarde tomarás conhecimento de coisas que te explicarão o que ora te surpreende. Não esqueças que podes triunfar, como podes falir. Neste último caso, outro te substituiria, pois os desígnios

de Deus não assentam na cabeça de um homem. Nunca, pois, fales da tua missão; seria a maneira de fazê-la malograr-se. Ela somente pode justificar-se pela obra realizada e tu ainda nada fizeste. Se a cumprires, os homens saberão reconhecê-lo, cedo ou tarde, visto que é pelos frutos que se conhece a qualidade da árvore.

P. – Certamente não tenho nenhum desejo de me vangloriar de uma missão na qual dificilmente creio. Porém, se estou destinado a servir de instrumento aos desígnios da Providência, que ela disponha de mim. Nesse caso, reclamo a tua assistência e a dos Espíritos bons, no sentido de me ajudarem e ampararem na minha tarefa.

R. – A nossa assistência não te faltará, mas será inútil se, de teu lado, não fizeres o que for necessário. Tens o teu livre-arbítrio, do qual podes usar como o entenderes. Nenhum homem é constrangido fatalmente a fazer coisa alguma.[30]

A TIARA ESPIRITUAL

(Em casa da Sra. Cardonne)
6 de maio de 1857
Tive ocasião de conhecer a Sra. Cardonne nas sessões do Sr. Roustan. Alguém me disse, creio que foi o Sr. Carlotti, que ela possuía notável talento para ler nas mãos. Nunca

---

[30] Nota de Henri Sausse: A continuação desta comunicação foi reproduzida no início desta brochura, à pág. 24.

acreditei que as linhas da mão tivessem um significado qualquer, mas sempre imaginei que, para certas pessoas dotadas de uma espécie de segunda vista, isso podia constituir um meio de estabelecerem uma relação que lhes permitisse, como aos sonâmbulos, dizer algumas vezes coisas verdadeiras. Os sinais da mão nada mais são, nesse caso, do que um pretexto, um meio de fixar a atenção, de desenvolver a lucidez, como o são as cartas, a borra de café, os espelhos ditos mágicos para os indivíduos que desfrutam dessa faculdade. A experiência me confirmou de novo a justeza dessa opinião. Seja como for, acedi ao convite daquela senhora para ir visitá-la e eis aqui um resumo do que ela me disse:

"Nascestes com grande abundância... de recursos e de meios intelectuais... extraordinária força de raciocínio... Formou-se o vosso gosto; governado pela cabeça, moderais a inspiração pelo raciocínio; subordinais o instinto, a paixão, a intuição ao método, à teoria. Tivestes sempre pendor para as ciências morais... Amor da verdade absoluta... Amor da arte definida.

"O vosso estilo tem número, medida e cadência; mas, por vezes, trocaríeis um pouco da sua precisão por uma certa poesia.

"Como filósofo, idealista, estiveste sujeito à opinião de outrem; como filósofo crente, experimentais agora a necessidade de formar seita.

"Benevolência judiciosa; necessidade imperiosa de aliviar, de socorrer, de consolar; necessidade de independência.

"Muito demoradamente vos corrigis da subitânea impulsão do vosso humor. Éreis singularmente apto à missão que vos está confiada, porquanto o vosso feitio é mais para vos tornardes o centro de imensos desenvolvimentos, do que capaz de trabalhos isolados... Vossos olhos têm o olhar do pensamento.

"Vejo aqui o sinal da *tiara espiritual*... É bem pronunciado... Vede." (Olhei e nada vi de particular.)

Que entendeis, perguntei-lhe, por *tiara espiritual?* Estareis pretendendo que serei papa? Se tal houvesse de acontecer, por certo não seria nesta existência...

Resposta – Deveis notar que eu disse *tiara espiritual*, que significa *autoridade moral e religiosa*, e não soberania efetiva.

Reproduzi pura e simplesmente as palavras daquela senhora, por ela mesma transcritas. Não me compete julgar se são exatas em todos os pontos. Algumas, reconheço, são verdadeiras, porque estão de acordo com o meu caráter e com as disposições do meu espírito.

Há, porém, uma passagem evidentemente errônea, aquela em que ela diz, a propósito do meu estilo, que eu às vezes trocaria algo da minha precisão por um pouco de poesia. Não tenho nenhum instinto poético; o que procuro, acima de tudo, o que me agrada, o que aprecio nos outros é a clareza, a limpidez, a precisão e, longe de sacrificar esta à poesia, o que poderiam censurar em mim seria o sacrifício do pensamento poético pela aridez da forma positiva. Sempre preferi o que fala à inteligência ao que apenas fala à imaginação.

Quanto à *tiara espiritual*, *O livro dos espíritos* acabava de aparecer; a Doutrina estava em seus primórdios e não poderia ainda prejulgar os resultados ulteriores. Dei pouca importância a essa revelação e me limitei a anotá-la a título informativo.

No ano seguinte, a Sra. Cardonne deixou Paris e só tornei a vê-la oito anos depois, em 1866, quando as coisas já tinham caminhado bastante. Disse-me ela: — Lembra-se da minha predição acerca da *tiara espiritual*? Aí a tem realizada. — Como realizada? Que eu saiba, não me acho no trono de São Pedro. — Não, certamente; mas também não foi isso o que lhe anunciei. O senhor não é, de fato, o chefe da Doutrina, reconhecido pelos espíritas do mundo inteiro? Não são os seus escritos que fazem a lei? Não se contam por milhões os seus correligionários? Em matéria de Espiritismo, haverá alguém cujo nome tenha mais autoridade do que o seu? Os títulos de sumo sacerdote, de pontífice, mesmo de papa não lhe são dados espontaneamente? Sei perfeitamente que o são, sobretudo, pelos seus adversários e por ironia, mas nem por isso o fato deixa de indicar de que gênero é a influência que eles lhe reconhecem, porque pressentem qual o papel que lhe cabe. Assim, esses títulos lhe ficarão.

Em suma, o senhor conquistou, sem o buscar, uma posição moral que ninguém lhe pode tirar, considerando-se que, sejam quais forem os trabalhos que se realizem depois dos seus, ou simultaneamente com eles, o senhor será sempre o proclamado fundador da Doutrina. Logo, em realidade, está com a *tiara espiritual*, isto é, com a supremacia moral. Reconheça, portanto, que eu disse a verdade.

Acredita agora, mais um pouco, nos sinais das mãos? — Menos que antes e estou convencido de que, se a senhora viu alguma coisa, não foi na minha mão, mas no seu próprio Espírito, e vou prová-lo.

Admito que nas mãos, como nos pés, nos braços e nas outras partes do corpo existem certos sinais fisiognomônicos, mas cada órgão apresenta sinais particulares, conforme o uso a que está sujeito e conforme as suas relações com o pensamento. Os sinais das mãos não podem ser os mesmos que os dos pés, dos braços, da boca, dos olhos etc.

Quanto ao pregueado da palma das mãos, a maior ou menor acentuação que apresentam resulta da natureza da pele e da maior ou menor quantidade de tecido celular. Como essas partes não se acham em nenhuma correlação fisiológica com os órgãos das faculdades intelectuais e morais, não podem ser a expressão destas. Mesmo se admitindo que haja essa correlação, elas poderiam fornecer indicações sobre o estado atual do indivíduo, mas não poderiam constituir sinais de presságios de coisas futuras nem de acontecimentos passados e independentes da vontade do mesmo indivíduo. Na primeira hipótese, eu, a rigor, compreenderia que, com o auxílio de tais lineamentos, se pudesse dizer que uma pessoa possui esta ou aquela aptidão, este ou aquele pendor; o mais vulgar bom senso, porém, repeliria a ideia de que se possa ver ali se ela foi casada ou não, quantas vezes e o número de filhos que teve, se é viúva ou não, e outras coisas semelhantes, como o pretende a maioria dos quiromantes.

Entre as linhas das mãos, há uma que toda gente conhece e que representa bem um M. Se é bastante acentuada, pressagia, dizem, uma vida infeliz (*malheureuse*); porém, a palavra *malheur* (infelicidade) é francesa e ninguém se lembra de que, nas outras línguas, as palavras que lhe correspondem não começam pela mesma letra, de onde se conclui que a linha em questão deveria apresentar formas diferentes, de acordo com as línguas dos povos.

Quanto à *tiara espiritual*, é, evidentemente, uma coisa especial, excepcional e, até certo modo, individual; estou convicto de que a senhora não encontrou essa expressão no vocabulário de nenhum tratado de quiromancia. Como, então, ela lhe veio à mente? Pela intuição, pela inspiração, por essa espécie de presciência peculiar à dupla vista de que muitas pessoas são dotadas sem o suspeitarem. Sua atenção estava concentrada nos lineamentos da mão, a senhora fixou o pensamento num sinal em que outra pessoa teria visto coisa muito diversa, ou a que a senhora mesma atribuiria significação diferente, caso se tratasse de outro indivíduo.

PRIMEIRA NOTÍCIA DE UMA NOVA ENCARNAÇÃO

(Em casa do Sr. Baudin; médium: Srta. Baudin)
17 de janeiro de 1857

O Espírito prometera escrever-me uma carta por ocasião da entrada do ano. Tinha, dizia, qualquer coisa de particular a me dizer. Como eu lha pedisse numa das reuniões ordinárias, respondeu que a daria na intimidade ao médium, para que este ma transmitisse. Eis a carta:

"Caro amigo, eu não quis te escrever terça-feira última diante de toda a gente porque há certas coisas que só entre nós se podem dizer.

Eu queria, primeiramente, falar-te da tua obra, a que mandaste imprimir. (*O livro dos espíritos* acabava de entrar para o prelo.) Não te afadigues tanto, da manhã à noite; passarás melhor e a obra nada perderá por esperar.

Segundo o que vejo, és muito capaz de levar a bom termo a tua empresa e tens que fazer grandes coisas. Nada, porém, de exagero em coisa alguma. Observa e aprecia tudo judiciosamente, friamente. Não te deixes arrastar pelos entusiastas nem pelos muito apressados. Mede todos os teus passos, a fim de chegares ao fim com segurança. Não creias em mais do que aquilo que vejas; não desvies a atenção de tudo o que te pareça incompreensível; virás a saber a respeito mais do que qualquer outro, porque os assuntos de estudo serão postos sob as tuas vistas.

Mas, ah! a verdade não será conhecida de todos, nem aceita, senão daqui a muito tempo! Nessa existência não verás mais do que a aurora do sucesso da tua obra. Terás que voltar, *reencarnado em outro corpo,* para completar o que houveres começado e, então, te será dada a satisfação de ver em plena frutificação a semente que houveres espalhado sobre a Terra.

Surgirão invejosos e ciumentos que tentarão denegrir-te e fazer-te oposição; não desanimes; não te preocupes com o que digam ou façam contra ti; prossegue em tua obra; trabalha sempre pelo progresso da Humanidade, que serás amparado pelos Espíritos bons, enquanto perseverares no bom caminho.

Lembras-te de que, há um ano, prometi a minha amizade aos que, durante o ano, tivessem tido uma conduta correta? Pois bem! Declaro que és um dos que escolhi entre todos. Teu amigo, que te quer e protege, Z."

Observação – Já tive ocasião de dizer que Z. não era um Espírito Superior, porém muito bom e muito benfazejo. Talvez fosse mais adiantado do que o deixava supor o nome que tomara. Leva-nos a essa suposição o caráter sério e a sabedoria de suas comunicações, conforme as circunstâncias. Por meio daquele nome, ele se permitia usar de uma linguagem familiar apropriada ao meio onde se manifestava e dizer, como frequentemente sucedia, duras verdades, sob a forma leve do epigrama. Seja como for, dele guardamos sempre grata recordação e muito reconhecimento pelas boas advertências que sempre me deu e pelo devotamento que me testemunhou. Desapareceu com a dispersão da família Baudin, dizendo que em breve reencarnaria.

DURAÇÃO DOS MEUS TRABALHOS

(Em casa do Sr. Forbes; médium: Sra. Forbes)
24 de janeiro de 1860

Segundo a minha maneira de apreciar as coisas, eu calculava que ainda me faltavam cerca de dez anos para concluir os meus trabalhos; mas a ninguém falara disso. Fiquei, pois, muito surpreendido ao receber de um dos meus correspondentes de Limoges uma comunicação dada espontaneamente, em que o Espírito, falando de meus trabalhos, dizia que dez anos se passariam antes que eu os terminasse.

Pergunta (à Verdade) – Como é que um Espírito, comunicando-se em Limoges, onde nunca fui, pôde dizer precisamente o que eu pensava sobre a duração dos meus trabalhos?

Resposta – Sabemos o que te resta fazer e, por conseguinte, o tempo aproximado de que precisas para acabar a tua tarefa. É, portanto, muito natural que alguns Espíritos o tenham dito em Limoges ou em outros lugares, a fim de te darem uma ideia da amplitude que o trabalho exige.

Biografia de ALLAN KARDEC

Entretanto, não é absoluto o prazo de dez anos; pode ser prolongado por alguns mais, em virtude de circunstâncias imprevistas e independentes da tua vontade.

Observação (Escrita em dezembro de 1866) – Já publiquei quatro volumes substanciosos, sem falar de coisas acessórias. Os Espíritos pedem com insistência para que eu publique *A gênese* em 1867, antes das perturbações. Durante o período da grande perturbação terei de trabalhar nos livros complementares da Doutrina, que só deverão aparecer depois da forte tormenta e para os quais precisarei de três a quatro anos. Isso nos leva, o mais cedo, a 1870, isto é, cerca de dez anos.

MINHA MISSÃO

(Em casa do Sr. Dehau; médium: Sr. Crozet)
[Comunicação espontânea obtida na minha ausência.]
12 de abril de 1860
Pela sua firmeza e perseverança, o vosso presidente frustrou os projetos dos que procuravam destruir-lhe o crédito e arruinar a Sociedade, na esperança de desfecharem um golpe fatal na Doutrina. Honra lhe seja dada! Fique ele certo de que estamos do seu lado e que os Espíritos de sabedoria se sentirão felizes por poderem assisti-lo em sua missão. Quantos desejariam desempenhar a sombra dessa missão, para receberem a sombra dos benefícios que decorrem dela!

Mas essa missão é perigosa e, para cumpri-la, são necessárias uma fé e uma vontade inabaláveis, assim como abnegação e coragem para afrontar as injúrias, os sarcasmos, as decepções e não se alterar com a lama que a inveja e a calúnia possam lançar. Nessa posição, o menos que pode acontecer a quem a ocupa é ser tachado de louco e de charlatão. Deixai que falem, deixai que pensem livremente: tudo, exceto a felicidade eterna, dura pouco. Tudo vos será levado em conta e ficai sabendo que, para se ser feliz, é preciso que se haja contribuído para a felicidade dos pobres seres com que Deus povoou a vossa Terra. Permaneça, pois, tranquila e serena a vossa consciência: é o precursor da felicidade celeste.

FUTURO DO ESPIRITISMO

(Marselha; médium: Sr. Georges Genouillat)
[Comunicação transmitida pelo Sr. Brion Dorgeval.]
15 de abril de 1860
O Espiritismo é chamado a desempenhar imenso papel na Terra. Ele reformará a legislação ainda tantas vezes contrária às Leis Divinas; retificará os erros da História; restaurará a religião do Cristo, que se tornou, nas mãos dos padres, objeto de comércio e de tráfico vil; instituirá a verdadeira religião, a religião natural, a que parte do coração e vai diretamente a Deus, sem se deter nas franjas de uma batina ou nos degraus de um altar. Extinguirá para sempre o ateísmo e o materialismo, aos quais alguns homens foram levados pelos incessantes abusos dos que se dizem ministros de Deus, pregando a caridade com uma espada em cada mão e sacrificando às suas ambições e ao espírito de dominação os mais sagrados direitos da Humanidade. — Um Espírito.

MINHA VOLTA

(Em minha casa; médium: Sra. Schmidt)
10 de junho de 1860
Pergunta (à Verdade) – Acabo de receber uma carta de Marselha em que me dizem que, no seminário dessa cidade, estão estudando seriamente o Espiritismo e *O livro dos espíritos*. Que se deve prognosticar desse fato? Será que o clero toma a coisa a peito?

Resposta – Não podes duvidar disso. Ele a toma muito a peito, porque lhe prevê as consequências, e grandes são as suas apreensões. Principalmente a parte esclarecida do clero estuda o Espiritismo mais do que o supões; não creias, porém, que seja por simpatia; ao contrário, é à procura de meios para combatê-lo e eu te asseguro que a guerra que ele lhe fará será rude. Não te preocupes com isso; continua a agir com prudência e circunspeção; mantém-te em guarda contra as ciladas que te armarão; evita cuidadosamente em tuas palavras e nos teus escritos tudo o que possa fornecer armas contra ti. Prossegue em teu caminho sem temor; embora ele esteja semeado de espinhos, eu te garanto que terás grandes satisfações antes de voltares para junto de nós "por um pouco".

P. – Que queres dizer por essas palavras: "por um pouco"?

R. – Quero dizer que não permanecerás longo tempo entre nós. Terás que voltar à Terra para concluir a tua missão, que não podes terminar nesta existência. Se fosse possível, absolutamente não sairias daí; mas é preciso que se cumpra a Lei da Natureza. Ausentar-te-ás por alguns anos e, quando voltares, será em condições que te permitam trabalhar desde cedo. Entretanto, há trabalhos que convém que os termines antes de partires; por isso, dar-te-emos o tempo que for preciso para concluí-los.

Observação – Calculando aproximadamente a duração dos trabalhos que ainda me restam por fazer e levando em conta o tempo da minha ausência e os anos da infância e da juventude, até a idade em que um homem pode desempenhar um papel no mundo, a minha volta deverá dar-se, forçosamente, no fim deste século ou no princípio do outro.

MEU SUCESSOR

(Em minha casa; comunicação particular; médium: Sr. d'A...)

22 de dezembro de 1861

Tendo uma conversação com os Espíritos levado a falar do meu sucessor na direção do Espiritismo, formulei a questão seguinte:

Pergunta – Entre os adeptos, muitos se preocupam com o que virá a ser do Espiritismo depois de mim e perguntam quem me substituirá quando eu partir, já que não se vê aparecer ninguém, de modo notório, para lhe tomar as rédeas.

Respondo que não alimento a pretensão de ser indispensável; que Deus é extremamente sábio para não fazer que uma doutrina destinada a regenerar o mundo assente sobre a vida de um homem; que, além disso, sempre me avisaram que a minha tarefa é a de constituir a Doutrina e que para isso me será concedido o tempo necessário. A do meu sucessor será, portanto, muito mais fácil, porque já achará traçado o caminho, bastando que o siga. Entretanto, se os Espíritos julgassem oportuno dizer-me a respeito alguma coisa de mais positivo, eu lhes ficaria muito grato.

Resposta – Tudo isso é rigorosamente exato. Eis o que nos é permitido dizer-te a mais. Tens razão em afirmar que não és indispensável; só o és aos olhos dos homens, porque era necessário que o trabalho de organização se concentrasse nas mãos de um só, para que houvesse unidade; não és indispensável, porém, aos olhos de Deus. Foste escolhido e por isso é que te vês só; mas não és, como, aliás, bem o sabes, o único ser capaz de desempenhar essa missão. Se por qualquer motivo ela se interrompesse, não faltariam a Deus outras criaturas que te substituíssem. Assim, aconteça o que acontecer, o Espiritismo não periclitará.

Enquanto o trabalho de elaboração não estiver concluído, é, pois, necessário que sejas o único em evidência, visto que se precisava de uma bandeira em torno da qual as pessoas pudessem agrupar-se. Era preciso, também, que as pessoas te considerassem indispensável para que a obra que te sair das mãos tenha mais autoridade no presente e no futuro; era preciso mesmo que temessem pelas consequências da tua partida.

Se aquele que te haverá de substituir fosse designado previamente, a obra, ainda não acabada, poderia sofrer entraves; formar-se-iam contra ti oposições suscitadas pelo ciúme; discuti-lo-iam, antes que ele desse provas de si; os inimigos da Doutrina procurariam barrar-lhe o caminho, resultando daí cismas e divisões. Ele, portanto, se revelará quando chegar o momento.

Sua tarefa será assim facilitada, porque, como dizes, o caminho estará todo traçado; se ele daí se afastasse, perder-se-ia a si próprio, como se perderam os que quiseram atravessar-se na estrada. A referida tarefa, porém, será mais penosa em outro sentido, visto que ele terá de sustentar lutas mais rudes. A ti incumbe o encargo da concepção, a ele o da execução, razão pela qual terá de ser homem de energia e de ação. Admira aqui a sabedoria de Deus na escolha de seus mandatários: tu possuis as qualidades que eram necessárias ao trabalho que tens de realizar, porém não possuis as que serão necessárias ao teu sucessor. Tu precisas da calma, da tranquilidade do escritor que amadurece as ideias no silêncio da meditação; ele precisará da força do capitão que comanda um navio segundo as regras traçadas pela Ciência. Liberado do trabalho de criação da obra sob cujo peso teu corpo sucumbirá, ele terá mais liberdade para aplicar todas as suas faculdades ao desenvolvimento e à consolidação do edifício.

P. – Poderás dizer-me se a escolha do meu sucessor já está feita?

R. – Está, sem o estar, considerando-se que, dispondo do livre-arbítrio, o homem pode recuar no último momento diante da tarefa que ele próprio escolheu. É preciso, também, que dê provas de si, de capacidade, de devotamento, de desinteresse e de abnegação. Se se deixasse levar apenas pela ambição e pelo desejo de sobressair-se, seria certamente posto de lado.

P. – Já foi dito várias vezes que muitos Espíritos Superiores encarnariam para ajudar o movimento.

R. – Sem dúvida, muitos Espíritos terão essa missão, mas cada um na sua especialidade, para agir pela sua posição sobre tal ou tal parte na sociedade. Todos se revelarão por suas obras e nenhum por qualquer pretensão à supremacia.

★★★

Estas notas complementares fazem parte das *Previsões relativas ao Espiritismo*, obra esboçada por Allan Kardec, cuja morte súbita impediu que fosse concluída. Com numerosas comunicações sobre outros assuntos que não interessam à biografia do fundador do Espiritismo, elas foram publicadas na segunda parte de suas *Obras póstumas*, livro de grande interesse, no qual pude haurir boa parte das informações relativas à biografia de Allan Kardec. — H. S.

Ao "Grupo Esperança" de Lyon

Por ocasião do aniversário de morte de Allan Kardec eu havia feito, no dia 27 de março de 1910, na sede da Federação Espírita Lionesa, uma conferência sobre o fundador do Espiritismo filosófico e sua obra. No dia seguinte, segunda-feira de Páscoa, Allan Kardec manifestou-se espontaneamente em nosso "Grupo Esperança", por intermédio da Srta. Bernadette, em estado sonambúlico. O Mestre nos cumprimentou pela nossa fidelidade na defesa de seus princípios, encorajando-nos, ao mesmo tempo, a estudar seriamente o Espiritismo filosófico e nos prometendo, em nossas pesquisas, os mais felizes resultados; também anunciou que, vez por outra, viria até nós, como um dos guias do grupo, a fim de nos secundar em nossos trabalhos.

Agradeci ao Mestre pela auspiciosa notícia que nos dava, assegurando-lhe que nos sentíamos muito felizes pelo concurso que ele tão gentilmente nos oferecia; depois, valendo-nos da sua presença, perguntei-lhe se ele tinha alguma retificação a fazer na sua biografia, que eu havia escrito, e se gostaria de dar-me a sua opinião a respeito. Respondeu-me que estudaria a questão e depois me daria a sua opinião.

Em reunião do dia 4 de abril seguinte, Allan Kardec manifestou-se novamente em nosso Grupo, concitando-nos a prosseguir em nossos estudos com mais assiduidade. Mais uma vez pedi-lhe a opinião sobre a sua biografia, perguntando-lhe quando me daria a conhecer a sua impressão sobre aquele trabalho. "Dentro de quinze dias", respondeu-me, "o vosso desejo será satisfeito."

Ontem, segunda-feira, 18 de abril, vencia o prazo indicado; e como o Mestre houve por bem cumprir a sua promessa, creio não poder concluir melhor esta biografia de Allan Kardec do que dando a conhecer a todos a opinião póstuma do principal interessado. Eis, para este fim, a transcrição exata da ata da nossa reunião do "Grupo Esperança", realizada em 18 de abril de 1910.

Extrato do livro de atas:

OPINIÃO DE ALLAN KARDEC SOBRE A SUA BIOGRAFIA

A sessão foi aberta às 8h30, por meio de uma prece. — Tempo bom e seco; céu claro; vento forte do Nordeste; pressão barométrica: 771; temperatura no interior da sala de sessões: 18°C.

Pessoas presentes: Srtas. Bernadette, Angèle, Joséphine; Sras. Cavalier, Marie, Magdeleine; Sr. Mancy e eu.

Submeto Bernadette ao sono magnético. Ao adquirir lucidez, ela indica aos médiuns escreventes sob a influência de quem eles se acham. Depois, como de costume, vai visitar as Sras. Chevalier, Mancy e G. Delanne. Ao retornar, nossos guias a conduzem a um jardim esplêndido, cujos perfumes a fortalecem e alegram; ela vê, num bosque, uma linda rosa que desaparece aos seus olhos, após o que pede a mim que a chame de volta à sala de sessões.

Leitura das comunicações escritas de grande alcance filosófico; em seguida, nossos guias solicitam que se faça a corrente sob luz vermelha, sendo a iluminação da sala assegurada por dois bicos *Auer*, nº 2, um dos quais envolto em vidro branco, o outro em globo vermelho, de forma que a claridade é suficiente para que os assistentes possam ver perfeitamente tudo o que se passa. — Enquanto fazemos a corrente, Bernadette enxerga no interior de um círculo uma nuvem branca, que se dissipa pouco a pouco, deixando ver, então, a rosa que há pouco havia desaparecido; quer pegá-la... nossos amigos a afastam... será de outra vez. Em seguida ela pede um envelope, no qual encerramos, após verificá-lo atentamente, uma folha de papel absolutamente intacta, com vistas a obter-se, pela escrita direta, uma comunicação de nossos guias... o que efetivamente se deu mais tarde.

Terminado o trabalho preparatório de assimilação dos fluidos, nossos guias, pela médium em transe, pedem que a sessão seja continuada sob luz branca.

Vários Espíritos, mais ou menos sofredores, se manifestam, seja para nos pedirem conselhos, seja para nos agradecerem por lhes termos ajudado, prometendo-nos o seu concurso para as manifestações que desejamos; depois a médium aplica a si mesma alguns passes sobre o coração e diz:

Biografia de ALLAN KARDEC

"Allan Kardec, venho vos falar." O Espírito passa, então, a exprimir-se nos termos transcritos a seguir, mas com excessiva loquacidade para que a comunicação possa ser escrita à medida que as palavras vão sendo pronunciadas. Quando ele terminou de falar, eu lhe agradeci em meu nome e no de todos os componentes do nosso Grupo pelo apoio que nos dava, rogando-lhe que se dignasse de nos dar o texto exato das palavras que, por meio da médium, ele acabava de pronunciar. Resposta: "Sim, no fim da sessão; por ora, continuai evocando os Espíritos sofredores." Ainda ocorreram duas manifestações, até que o médium me disse: "Sou eu, Bernadette." Pedi-lhe, então, que nos repetisse com mais lentidão as palavras que Allan Kardec acabara de ditar, a fim de que pudéssemos transcrevê-las. "Sim", respondeu-nos ela; "mas querendo reservar-nos uma surpresa, nossos guias far-me-ão ditar, durante o sono, a metade das palavras que o Mestre pronunciou; as restantes, eu as lerei em seguida, no fundo de um copo d'água, quando despertar."[31]

Logo depois, em estado sonambúlico, a Srta. Bernadette ditou o seguinte:

---

[31] Nota do tradutor: Ao leitor talvez pareça um tanto estranho o desenrolar de uma sessão espírita no começo do século XX, sobretudo quando vê referências à formação de correntes sob luz vermelha e alusão à leitura de comunicações no fundo de um copo d'água. É que não se dispunha, então, de orientações mais detalhadas sobre a prática mediúnica, principalmente as que foram ditadas pelos Espíritos André Luiz e Manoel Philomeno de Miranda aos médiuns Francisco Cândido Xavier e Divaldo Pereira Franco, embora, na verdade, nada mais fizessem esses autores do que desdobrar e decodificar tudo aquilo que já estava contido em *O livro dos médiuns* e, até mesmo, na *Revista Espírita*. (Veja-se, nesta última, nos meses de outubro de 1864 e 1865, respectivamente, os artigos: "O sexto sentido e a visão espiritual" e "Novos estudos sobre os espelhos mágicos ou psíquicos".)

É com prazer, caro amigo, que respondo ao vosso apelo. Como sabeis, minha tarefa está longe de terminar, não passando, a bem dizer, de um esboço imperfeito.

O infinito nos penetra e confunde, mas a bondade do Pai nos recompensa todos os esforços bem além da nossa expectativa. Obrigado pelo zelo escrupuloso e afetuoso que imprimistes à minha biografia. Aprovo-a em todos os pontos, pois qualquer retoque seria insignificante; agrada-me, tal como está. Obrigado.

Penetro o vosso pensamento e sou feliz pelos vossos desejos; vejo que quereis largo e reto o caminho do Espiritismo, livre de toda vegetação prejudicial; isso, contudo, só se fará mais ou menos lentamente, segundo a força e a perseverança daqueles que nos seguem.

Caro amigo, vossa franqueza, que por vezes chega a corar os vendilhões do templo, é corajosa e necessária; mas, a par disto, lastimai esses pobres irmãos que abandonam uma vantagem certa por uma esperança vã, pois a eles se aplicam estas palavras do Divino Mestre: Já receberam a sua recompensa.

A seguir, no copo d'água, a médium lê: *Compadeçamo-nos deles e sejamos indulgentes com eles. Nesta Terra o bem e o mal estão sempre misturados; nada é absolutamente puro.*

Gostaria que sempre iniciásseis as sessões com a vossa prece habitual, como há pouco fizestes, e que todos a pronunciem do fundo do coração. Amo-vos a todos, caros amigos, e quero que dessas reuniões possais sair mais crentes e mais altruístas. Embora lento o vosso esforço, que seja perseverante.

Esquecei toda preocupação material; elevai vossas almas tanto quanto puderdes. Se o vosso grupo só servir para a vossa satisfação pessoal, ele se afastará do seu objetivo. Que possais guardar em vossos corações uma marca profunda — a da fé unida ao amor. Vossos amigos, os doentes que cuidais com ardente desejo de cura, são também os nossos, são os membros sofredores do vosso grupo; é por isso que vos disse que a Humanidade se fazia presente nesta Casa com suas dores e alegrias.

Bendito seja o Grupo Esperança. Até breve e coragem.

ALLAN KARDEC

A sessão foi encerrada às 10h35.

HENRI SAUSSE
(Cópia conforme ata)

NOTA EXPLICATIVA[32]

Hoje creem e sua fé é inabalável, porque assentada na evidência e na demonstração, e porque satisfaz à razão. [...] Tal é a fé dos espíritas, e a prova de sua força é que se esforçam por se tornarem melhores, domarem suas inclinações más e porem em prática as máximas do Cristo, olhando todos os homens como irmãos, sem acepção de raças, de castas, nem de seitas, perdoando aos seus inimigos, retribuindo o mal com o bem, a exemplo do divino modelo. (KARDEC, Allan. *Revista Espírita* de 1868. 1. ed. Rio de Janeiro: FEB, 2005. p. 28, janeiro de 1868.)

A investigação rigorosamente racional e científica de fatos que revelavam a comunicação dos homens com os Espíritos, realizada por Allan Kardec, resultou na estruturação da Doutrina Espírita, sistematizada sob os aspectos científico, filosófico e religioso.

---

[31] N.E.: Esta Nota explicativa, publicada de acordo com o Termo de Compromisso com o Ministério Público Federal/Procuradoria da República no Estado da Bahia, datado de 28 de setembro de 2007, tem por objetivo demonstrar a ausência de qualquer discriminação ou preconceito em alguns trechos das obras de Allan Kardec, caracterizadas, todas, pela sustentação dos princípios de fraternidade e solidariedade cristãs, contidos na Doutrina Espírita.

Biografia de ALLAN KARDEC

A partir de 1854 até seu falecimento, em 1869, seu trabalho foi constituído de cinco obras básicas: O *livro dos espíritos* (1857), O *livro dos médiuns* (1861), O *evangelho segundo o espiritismo* (1864), O *céu e o inferno* (1865), *A gênese* (1868), além da obra O *que é o espiritismo* (1859), de uma série de opúsculos e 136 edições da *Revista Espírita* (de janeiro de 1858 a abril de 1869). Após sua morte, foi editado o livro *Obras póstumas* (1890).

O estudo meticuloso e isento dessas obras permite-nos extrair conclusões básicas: a) todos os seres humanos são Espíritos imortais criados por Deus em igualdade de condições, sujeitos às mesmas Leis Naturais de progresso que levam todos, gradativamente, à perfeição; b) o progresso ocorre através de sucessivas experiências, em inúmeras reencarnações, vivenciando necessariamente todos os segmentos sociais, úni-ca forma de o Espírito acumular o aprendizado necessário ao seu desenvolvimento; c) no período entre as reencarnações o Espírito permanece no Mundo Espiritual, podendo comunicar-se com os homens; d) o progresso obedece às leis morais ensinadas e vivenciadas por Jesus, nosso guia e modelo, referência para todos os homens que desejam desenvolver-se de forma consciente e voluntária.

Em diversos pontos de sua obra, o Codificador se refere aos Espíritos encarnados em tribos incultas e selvagens, então existentes em algumas regiões do Planeta, e que, em contato com outros polos de civilização, vinham sofrendo inúmeras transformações, muitas com evidente benefício para os seus membros, decorrentes do progresso geral ao qual estão sujeitas todas as etnias, independentemente da coloração de sua pele.

Na época de Allan Kardec, as ideias frenológicas de Gall, e as da fisiognomonia de Lavater, eram aceitas por eminentes homens de Ciência, assim como provocou enorme agitação nos meios de comunicação e junto à intelectualidade e à população em geral, a publicação, em 1859 — dois anos depois do lançamento de *O livro dos espíritos* — do livro sobre a *Evolução das espécies*, de Charles Darwin, com as naturais incorreções e incompreensões que toda ciência nova apresenta. Ademais, a crença de que os traços da fisionomia revelam o caráter da pessoa é muito antiga, pretendendo-se haver aparentes relações entre o físico e o aspecto moral.

O Codificador não concordava com diversos aspectos apresentados por essas assim chamadas ciências. Desse modo, procurou avaliar as conclusões desses eminentes pesquisadores à luz da revelação dos Espíritos, trazendo ao debate o elemento espiritual como fator decisivo no equacionamento das questões da diversidade e desigualdade humanas.

Allan Kardec encontrou, nos princípios da Doutrina Espírita, explicações que apontam para leis sábias e supremas, razão pela qual afirmou que o Espiritismo permite "resolver os milhares de problemas históricos, arqueológicos, antropológicos, teológicos, psicológicos, morais, sociais etc." (*Revista Espírita*, 1862, p. 401). De fato, as leis universais do amor, da caridade, da imortalidade da alma, da reencarnação, da evolução constituem novos parâmetros para a compreensão do desenvolvimento dos grupos humanos, nas diversas regiões do Orbe.

Essa compreensão das Leis Divinas permite a Allan Kardec afirmar que:

O corpo deriva do corpo, mas o Espírito não procede do Espírito. Entre os descendentes das raças apenas há consanguinidade. (*O livro dos espíritos*, it. 207.)

[...] o Espiritismo, restituindo ao Espírito o seu verdadeiro papel na Criação, constatando a superioridade da inteligência sobre a matéria, faz com que desapareçam, naturalmente, todas as distinções estabelecidas entre os homens, conforme as vantagens corporais e mundanas, sobre as quais só o orgulho fundou as castas e os estúpidos preconceitos de cor. (*Revista Espírita*, 1861, p. 432.)

Os privilégios de raças têm sua origem na abstração que os homens geralmente fazem do princípio espiritual, para considerar apenas o ser material exterior. Da força ou da fraqueza constitucional de uns, de uma diferença de cor em outros, do nascimento na opulência ou na miséria, da filiação consanguínea nobre ou plebeia, concluíram por uma superioridade ou uma inferioridade natural. Foi sobre este dado que estabeleceram suas leis sociais e os privilégios de raças. Deste ponto de vista circunscrito, são consequentes consigo mesmos, porquanto, não considerando senão a vida material, certas classes parecem pertencer, e realmente pertencem, a raças diferentes. Mas se se tomar seu ponto de vista do ser espiritual, do ser essencial e progressivo, numa palavra, do Espírito, preexistente e sobrevivente a tudo, cujo corpo não passa de um invólucro temporário, variando, como a roupa, de forma e de cor; se, além disso, do estudo dos seres espirituais ressalta a prova de que esses seres são de natureza e de origem idênticas, que seu destino é o mesmo, que todos partem do mesmo ponto e tendem para o mesmo objetivo; que a vida corporal não passa de um incidente, uma das fases da vida do Espírito, necessária ao seu adiantamento intelectual e moral; que em vista desse avanço o Espírito pode sucessivamente revestir envoltórios diversos, nascer em posições diferentes, chega-se à consequência capital da igualdade de natureza e, a partir daí, à igualdade dos direitos sociais de todas as criaturas humanas e à abolição dos privilégios de raças. Eis o que ensina o Espiritismo. Vós que negais a existência do Espírito para considerar apenas o homem corporal, a perpetuidade do ser inteligente para só encarar a vida presente, repudiais o único princípio sobre o qual é fundada, com razão, a igualdade de direitos que reclamais para vós mesmos e para os vossos semelhantes. (*Revista Espírita*, 1867, p. 231.)

Com a reencarnação, desaparecem os preconceitos de raças e de castas, pois o mesmo Espírito pode tornar a nascer rico ou pobre, capitalista ou proletário, chefe ou subordinado, livre ou escravo, homem ou mulher. De todos os argumentos invocados contra a injustiça da servidão e da escravidão, contra a sujeição da mulher à lei do mais forte, nenhum há que prime, em lógica, ao fato material da reencarnação. Se, pois, a reencarnação funda numa Lei da Natureza o princípio da fraternidade universal, também funda na mesma lei o da igualdade dos direitos sociais e, por conseguinte, o da liberdade. (*A gênese*, cap. 1, it. 36. Vide também *Revista Espírita*, 1867, p. 373.)

Na época, Allan Kardec sabia apenas o que vários autores contavam a respeito dos selvagens africanos, sempre reduzidos ao embrutecimento quase total, quando não escravizados impiedosamente.

É baseado nesses informes "científicos" da época que o Codificador repete, com outras palavras, o que os pesquisadores europeus descreviam quando de volta das viagens que faziam à África negra. Todavia, é peremptório ao abordar a questão do preconceito racial:

> Nós trabalhamos para dar a fé aos que em nada creem; para espalhar uma crença que os torna melhores uns para os outros, que lhes ensina a perdoar aos inimigos, a se olharem como irmãos, sem distinção de raça, casta, seita, cor, opinião política ou religiosa; numa palavra, uma crença que faz nascer o verdadeiro sentimento de caridade, de fraternidade e deveres sociais. (KARDEC, Allan. *Revista Espírita* de 1863 – 1. ed. Rio de Janeiro: FEB, 2005 – janeiro de 1863.)

> O homem de bem é bom, humano e benevolente para com todos, sem distinção de raças nem de crenças, porque em todos os homens vê irmãos seus. (*O evangelho segundo o espiritismo*, cap. 17, it. 3.)

É importante compreender, também, que os textos publicados por Allan Kardec na *Revista Espírita* tinham por finalidade submeter à avaliação geral as comunicações recebidas dos Espíritos, bem como aferir a correspondência desses ensinos com teorias e sistemas de pensamento vigentes à época. Em Nota ao capítulo 11, it. 43, do livro *A gênese*, o Codificador explica essa metodologia:

Quando, na *Revista Espírita* de janeiro de 1862, publicamos um artigo sobre a "interpretação da doutrina dos anjos decaídos", apresentamos essa teoria como simples hipótese, sem outra autoridade afora a de uma opinião pessoal controversível, porque nos faltavam então elementos bastantes para uma afirmação peremptória. Expusemo-la a título de ensaio, tendo em vista provocar o exame da questão, decidido, porém, a abandoná-la ou modificá-la, se fosse preciso. Presentemente, essa teoria já passou pela prova do controle universal. Não só foi bem aceita pela maioria dos espíritas, como a mais racional e a mais concorde com a soberana justiça de Deus, mas também foi confirmada pela generalidade das instruções que os Espíritos deram sobre o assunto. O mesmo se verificou com a que concerne à origem da raça adâmica. (*A gênese*, cap. 11, it. 43, Nota.)

Por fim, urge reconhecer que o escopo principal da Doutrina Espírita reside no aperfeiçoamento moral do ser humano, motivo pelo qual as indagações e perquirições científicas e/ou filosóficas ocupam posição secundária, conquanto importantes, haja vista o seu caráter provisório decorrente do progresso e do aperfeiçoamento geral. Nesse sentido, é justa a advertência do Codificador:

É verdade que esta e outras questões se afastam do ponto de vista moral, que é a meta essencial do Espiritismo. Eis por que seria um equívoco fazê-las objeto de preocupações constantes. Sabemos, aliás, no que respeita ao princípio das coisas, que os Espíritos, por não saberem tudo, só dizem o que sabem ou o que pensam saber. Mas como há pessoas que poderiam tirar da divergência desses sistemas uma indução contra a unidade do Espiritismo, precisamente porque são formulados pelos Espíritos, é útil poder comparar as razões pró e contra, no interesse da própria doutrina, e apoiar no assentimento da maioria o julgamento que se pode fazer do valor de certas comunicações. (*Revista Espírita*, 1862.)

Feitas essas considerações, é lícito concluir que na Doutrina Espírita vigora o mais absoluto respeito à diversidade humana, cabendo ao espírita o dever de cooperar para o progresso da Humanidade, exercendo a caridade no seu sentido mais abrangente ("benevolência para com todos, indulgência para as imperfeições dos outros e perdão das ofensas"), tal como a entendia Jesus, nosso Guia e Modelo, sem preconceitos de nenhuma espécie: de cor, etnia, sexo, crença ou condição econômica, social ou moral.

A Editora

ÍNDICE GERAL[32]

A
Academia das Ciências
  René Taillandier – 38
Academia real de Arras
  Allan Kardec – 31
Adeptos do Espiritismo
  Lyon e categorias – 54
Aline C., Srta., médium
  missão de Allan Kardec – 43, 45, 159
Anjo decaído
  doutrina – 187
Antuérpia (Bélgica)
  discurso de Allan Kardec – 87, 88
Asilo
  Allan Kardec e a construção – 93
Auto de fé de Barcelona
  ata – 68
  Igreja Católica – 68, 143
  Inquisição – 69
  Maurice Lachâtre, Sr. – 67
  obras espíritas queimadas – 68
  público presente – 69
  resquícios da Idade Média – 69
Autoridade da Doutrina Espírita
  origem – 120

B
Batismo
  Allan Kardec – 26, nota
Baudin, família
  Allan Kardec – 36
  Plainemaison, Sra. – 36
  reuniões em casa – 36, 165
Baudin, Srta., médium
  nova encarnação de Allan Kardec – 165
Bem
  couraça – 126, 147
Bernadette, Srta., médium
  copo d'água – 178
  Grupo Esperança (Lyon-França) – 175
Bibliografia
  Allan Kardec – 31, nota; 182
  *Catecismo gramatical da
    língua francesa* – 31
  Céu e o Inferno, O – 89
  *Curso prático e teórico de
    aritmética* – 31, nota
  *Ditados especiais sobre as dificuldades
    ortográficas* – 32
  *Ditados normais dos exames na
    Municipalidade e na Sorbone* – 32
  *Espiritismo na sua expressão
    mais simples, O* – 71
  Evangelho segundo o espiritismo, O – 86
  *Gênese, os milagres e as predições
    segundo o espiritismo, A* – 92
  Gramática francesa clássica – 31
  *Imitação do evangelho segundo
    o espiritismo* – 86
  *Instrução prática sobre as
    manifestações espíritas* – 59
  Jornal espírita – 43, 44
  Livro dos espíritos, O – 39, 40
  Livro dos médiuns, O – 58
  *Manual dos exames para obtenção dos
    certificados de capacidade* – 31
  *Plano proposto para o melhoramento
    da instrução pública* – 31
  *Qual o sistema de estudo mais em
    harmonia com as necessidades
    da época?* – 31
  Que é o espiritismo, O – 182
  Revista Espírita – 43
Bordeaux (França)
  discurso de Allan Kardec – 62
  situação do Espiritismo – 63

---

[32] N.E.: Remete ao número da página.

ÍNDICE GERAL

Boudet, Amélie Gabrielle
  Allan Kardec – 29
  falecimento – 103
Buffon, Sr.
  Allan Kardec – 111

C

C..., Sr.
  missão de Allan Kardec – 159
Cadernos de comunicações diversas
  Carlotti, Sr. – 38
  Didier, Sr. – 38
  René Taillandier, Sr. – 38
  Rivail, Sr. – 38
  Sardou, Sr. – 38
  Tiedeman-Manthèse, Sr. – 38
Cardonne, Sra., médium
  confirmação da missão de
    Allan Kardec – 43
  leitura nas linhas da mão – 160
  segunda vista – 161
  tiara espiritual – 160
Caridade
  Allan Kardec – 108
  caráter – 148
  egoísmo – 74
  Espiritismo – 148
  fora da * não há salvação –
    22, 74, 119, 131
  formação de grupo espírita – 75
  fraternidade – 154
  reunião espírita – 148
Carlotti, Sr.
  Allan Kardec – 34, 38
  intervenção dos Espíritos – 35
  personalidade – 34
Carreira pedagógica
  Allan Kardec – 31
Casamento
  Allan Kardec – 29
Castas
  orgulho – 184
  reencarnação – 185
Catecismo gramatical da língua francesa
  Allan Kardec – 31
Centro espírita
  difusão – 60
Cesta de bico

Japhet, Srta., sonâmbula – 39
Céu e o Inferno, O
  Allan Kardec – 89
  *Justiça divina segundo o
    espiritismo, A* – 89
Ciência espírita
  primeiros passos – 48
Clero
  Espiritismo – 143, 170
Comunicações dos Espíritos
  Hahnemann – 158
  Verdade, A – 159, 160, nota; 167, 170
Comunicação mediúnica
  crivo da consciência e da razão – 133
  publicidade – 134
Congregação de Roma
  índex de livros proibidos – 144
Constituição do Espiritismo
  Allan Kardec – 92, 93, nota
Corpo físico
  finalidade – 126
Crença
  unidade – 156
Crozet, Sr., médium
  missão de Allan Kardec – 43, 168
Curso gratuito
  Allan Kardec – 31
Curso prático e teórico de Aritmética
  Allan Kardec – 31, nota

D

D'A..., Sr., médium
  sucessor de Allan Kardec – 171
Delanne, Alexandre, Sr.
  discurso junto ao túmulo de
    Allan Kardec – 99
Desencarnação de Allan Kardec
  causa – 93, 94, nota
  carta de Leymarie – 104, nota
  cartas pormenorizando – 94
Desinteresse material
  desinteresse moral – 140
  mediunidade curadora – 138
Desinteresse moral
  desinteresse material – 140
Detrator
  respostas – 149
Deus

ÍNDICE GERAL

atributos – 155
Diatribes
  adversários – 132
  Alan Kardec – 49
  Espiritismo – 151
  Revista Espírita, março
    de 1859 – 49
Didier, editor
  Allan Kardec – 38
*Ditados especiais sobre as
dificuldades ortográficas*
  Allan Kardec – 32
*Ditados normais dos exames na
Municipalidade e na Sorbone*
  Allan Kardec – 32
*Discursos proferidos junto ao
túmulo de Allan Kardec*
  Alexandre Delanne, Sr. – 99
  Camille Flammarion, Sr. – 99
  E. Muller, Sr. – 99, 102
  Levent, Sr. – 99
Doutrina Espírita *ver
também* Espiritismo
  aspectos – 181
  autoridade – 120
  caráter – 141
  criador – 63
  escopo principal – 187
  estruturação – 181
  influência da * em Lyon – 54
  primeiros preceitos – 117
  princípios – 146, 150, 181, nota; 183
  respeito à diversidade humana – 188
  vida futura – 128
Druida
  Allan Kardec – 38, 40
Dufaux, E., Srta., médium
  Allan Kardec – 44
  jornal espírita – 44
  médium da Sociedade Parisiense
    de Estudos Espíritas – 50
Dufaux, Sr.
  general X – 51, nota
  Sociedade Parisiense de
    Estudos Espíritas – 50
Dupla vista, Vista espiritual,
  Vista da Alma *ver*
  Segunda vista

Egoísmo
  caridade – 74
  consequências – 75
  destruição mútua – 156
  sentimento de personalidade – 66

E

Encarnação
  conceito – 153
Escrita direta
  Grupo Esperança (Lyon-França) – 177
Escrita mediúnica
  Allan Kardec – 35
  ensaios – 35
Espaço
  Onde é o Céu? – 127
Espinasse, Charles-Marie-Esprit
  general X – 51, nota
Espírita(s)
  ceticismo – 112
  conceito – 152
  confiança – 128
  cooperação para o progresso
    da Humanidade – 188
  formação dos grupos – 74
  futuro – 129
  moderação – 142
  natureza dos trabalhos – 75
  pronunciamento de Allan Kardec – 79
  recomendação – 133
  reconhecimento do * sincero – 119
  reconhecimento do * verdadeiro – 75
  tática dos inimigos – 74
Espírita-cristão *ver* Verdadeiro espírita
Espiritismo cristão
  abertura do caminho – 130
Espiritismo experimental
  escolhos – 59
  Livro dos médiuns, O – 59
*Espiritismo na sua expressão
mais simples, O*
  lançamento – 71
  objetivo – 71
  Revista Espírita – 71
Espiritismo *ver também*
Doutrina Espírita
  adversários – 66, 71, 73,
    82, 130, 144, 151

ÍNDICE GERAL

alicerces – 158
amigos inábeis – 133
Auto de fé de Barcelona e propaganda – 68
bases – 146, 151
bom senso – 58
caixa do * e Allan Kardec – 85
caridade – 148
categorias de adeptos – 55
ciência – 116
classe operária – 54, 60
clero – 143
conceito – 152
concórdia – 66
confiança cega – 114
consequências morais – 65, 147
constituição – 92, 93, nota
controle universal – 122
crença, raciocínio – 109, 112
culto e sacerdotes – 143
curiosidade – 130
desenvolvimento das virtudes cristãs – 61
diatribes – 151
dissidência – 66
dogmas da Igreja – 143
efeito moralizador – 119
entraves – 132, 135
escolhos – 57, 59
espíritas lioneses – 55
estudos sérios – 36
êxtase – 33
fé – 112, 120, 131, 143, 152, 155
finalidade – 126
força moralizadora – 119
força preponderante – 65
fraternidade – 154
fundador – 27
futuro – 169
iniciação de Kardec – 34
inimigos – 64, nota; 65, 66
instruções – 130
libelo do padre Marouzeau – 78
liberdade de consciência – 118, 152
Magnetismo – 33
maturidade – 142
mérito e valor do fundador – 45
meta essencial – 187
método experimental – 36
missão – 118, 143
objetivo –117
orçamento – 81, 82
papel de Allan Kardec no advento – 88
papel do * na Terra – 169
perpetuidade – 129
polêmica espírita – 47
primeiro contato – 33
princípios constitutivos – 150
princípios fundamentais – 155
propagação – 64, 130, 71, 85, 113, 130, 150
refutação das críticas – 77, nota
regra de conduta – 55
religião constituída – 151
situação do * em Bordeaux – 62
situação do * em Lyon – 54, 59, 60
sonambulismo – 32, 33
Espírito encarnado
    transformações do * em tribos incultas e selvagens – 182
Espírito enganador
    caráter – 57
Espírito familiar
    evocação – 41
    identificação – 41
    objetivos – 41
Espírito impostor
    identificação – 57
Espírito inferior
    sinais – 125
Espírito protetor
    Allan Kardec – 38
    comunicação – 38
    druidas – 38
Espírito Superior
    atitude – 133
Espírito Verdade
    confirmação da missão de Allan Kardec – 45
    evocação – 42
    identificação – 41
    objetivo – 41
Espírito(s)
    artimanhas – 57
    características dos * e prova do Mundo Espiritual – 37
    conceito – 36, 118

ÍNDICE GERAL

crença na infalibilidade – 37
criação – 127
garantia de superioridade – 57
garantia e controle para o ensino – 121
identidade – 57
importância da identidade – 57
influência – 56
missão – 123
perigo do domínio dos * maus – 123
regra geral para identificação – 57
reveladores predestinados – 37
sabedoria e ciência – 37
Estudo doutrinário
conselho de Allan Kardec – 113, 119
Evangelho segundo o Espiritismo, O
Imitação do evangelho segundo
o espiritismo – 86
Êxtase
Espiritismo – 33

F

Fé
cega – 112, 131, 152
Espiritismo – 120, 152, 155
fraternidade – 154
inabalável – 131, 152, 181
princípios fundamentais do
Espiritismo – 155
progresso moral – 155
Felicidade
conquista – 127, 169
precursor da * celeste – 169
progresso moral – 156
solidariedade, fraternidade – 153
Fenômeno espírita
cadernos de anotações – 38
caráter – 119
chave – 37
conselhos de Allan Kardec – 113
Filosofia espírita
estudo – 110
fundador – 24, 109, 111
Finet, Sr.
detalhes sobre a morte de
Allan Kardec – 94
Fisiognomonia
Johann Kaspar Lavater e ideias – 183
Flammarion, Camille, Sr.

discurso junto ao túmulo de
Allan Kardec – 98
Fora da caridade não há salvação
divisa do verdadeiro espírita – 74
garantia do sucesso – 74, 119, 131
Forbes, Sra., médium
duração dos trabalhos de
Allan Kardec – 167
Formação acadêmica
Allan Kardec – 29, notas
Fortier, Sr., magnetizador
Allan Kardec – 33
mesas girantes – 33
Roger, Sra., sonâmbula – 35
Fraternidade
caridade – 154
consequências – 154
egoísmo – 74, 75, 148
fé – 154
felicidade – 153
Leis da Natureza – 154
morte – 153
pedra angular da nova
ordem social – 154
perpetuidade – 154
unidade de crença e * universal – 156
Fraude espírita
desinteresse absoluto – 140
Frenologia
Franz Joseph Gall – 183

G

Gall, Franz Joseph
frenologia – 183
General X
identificação – 51, nota
*Gênese, os milagres e as predições
segundo o Espiritismo, A*
Allan Kardec – 92
Os tempos são chegados – 153, nota
Genouillat, Georges, Sr., médium
futuro do Espiritismo – 169
Gramática francesa clássica
Allan Kardec – 31
Grupo Esperança (Lyon-França)
Bernadette, Srta., médium – 175
copo d'água – 178, nota
escrita direta – 177

ÍNDICE GERAL

Henri Sausse – 175-180
luz branca – 177
luz vermelha – 177
manifestação de Allan Kardec,
  Espírito – 175, 176
Grupo espírita
  caridade e formação – 75
  organização – 114

H
Hahnemann, Espírito
  missão de Allan Kardec e
    comunicação – 158
Homem
  composição – 126
  passado e futuro – 150
Homem de bem
  caráter – 186
Humanidade
  chave do problema – 36

I
Idade Média
  Auto de fé de Barcelona – 68
Ideia cristã
  lançamento – 65
Igreja Católica
  Auto de fé de Barcelona – 68
  dogmas da * e Espiritismo – 143
*Imitação do evangelho
  segundo o espiritismo*
  Evangelho segundo o espiritismo, O – 86
Índex
  Congregação de Roma – 143
  *Imitação do evangelho segundo
    o espiritismo* – 144
  Livro dos espíritos, O – 144
  Livro dos médiuns, O – 144
Inquisição
  Auto de fé de Barcelona – 69
Instrução prática sobre as
  manifestações espíritas
  Livro dos médiuns, O – 59
Intolerância clerical
  Allan Kardec – 144

J
Japhet, Srta., médium
  cesta de bico – 39

primeira revelação da missão de
  Allan Kardec – 43, 157
Roustan, Sr. – 43
Jornal espírita
  Allan Kardec e criação – 43
  E. Dufaux, Srta. – 44
  primeiro número – 44
  Tiedeman, Sr. – 44
Journal de Paris
  comunicação de Allan Kardec,
    Espírito – 106
Justiça divina segundo o espiritismo, A
  Céu e o inferno, O – 89

K
Kardec, Allan
  Academia real de Arras – 31
  Aline C., Srta., e missão – 43, 45
  Amélie Gabrielle Boudet – 29, 30, 103
  ataques e perseguições – 78
  batismo – 26, nota
  Buffon, Sr. – 111
  caixa do Espiritismo – 85
  caráter – 90, 102
  Cardonne, Sra., e missão – 43
  caridade – 108
  Carlotti, Sr. – 35, 38
  carreira pedagógica – 31
  carta do Espírito Z. – 165
  casamento – 29
  causa do falecimento – 94, nota
  Céu e o inferno, O – 89
  ciência, filosofia – 27
  comunicação de Allan Kardec,
    Espírito – 105, 106, 175, 176
  conclusão da missão – 170
  conclusões básicas das obras – 182
  conduta de * ante os Espíritos – 36
  confirmação da missão – 43
  conselho de * sobre o perigo dos
    Espíritos maus – 123
  conselhos – 56, 70, 113
  Constituição do Espiritismo
    – 92, 93, nota
  construção de asilo – 93
  contato com a família Baudin – 36
  convite para assistir às sessões
    semanais – 36

ÍNDICE GERAL

correspondência de P.-G.
 Leymarie – 104, nota
criação de jornal espírita – 43
críticos – 48
Crozet, Sr., e missão – 43
cursos gratuitos – 31
custeio das viagens – 76
demissão – 53
descendência das raças – 184
desencarnação – 93, 94, nota
diatribes – 48
Didier, editor – 38
discurso de * em Bordeaux – 63
discurso de * em Lyon – 54
discurso de * na cidade de
 Antuérpia – 87
discurso de * na Sociedade
 Parisiense de Estudos
 Espíritas – 53
discursos proferidos junto
 ao túmulo – 98, 99
druidas – 38, 40
duração dos trabalhos – 167, 171
dúvidas e hesitações – 34
E. Dufaux, Srta. – 44
Espírito familiar – 41
Espírito protetor – 38
estudos sérios do Espiritismo – 36
Evangelho segundo o espiritismo, O – 86
falecimento – 182
fenômeno de tiptologia – 40
fenômenos do magnetismo – 32
Fortier, Sr., magnetizador – 33
fundador da filosofia espírita – 24
fundador do Espiritismo – 27, 175
*Gênese, os milagres e as predições
 segundo o espiritismo, A* – 92
gramática francesa clássica – 31
Grupo Esperança (Lyon-França) – 175
ideia sobre mesa falante – 34
iniciação no Espiritismo – 34
inimigos – 50
interpretação da doutrina dos
 anjos decaídos – 187
intolerância clerical – 144
intrigas na Sociedade de Paris – 46
Ledoyen, Sr. – 53
libelo do padre Marouzeau – 78

Liceu Polimático – 32
linguista insigne – 29
Livro dos espíritos, O – 39
Livro dos médiuns, O – 58
manifestação espontânea – 14, 175
Medicina – 29, notas
médiuns auxiliares – 40
mensagem pela passagem
 do Ano-Novo – 72
mérito – 88
mesa falante – 34
mesas girantes – 33
método experimental – 36
metodologia – 186
missão – 43, 46, 157-160, nota; 168
nascimento – 25, 26, nota
nota de * sobre confirmação
 de sua missão – 46
obras básicas – 182
Obras póstumas – 37
opinião de * (Espírito) sobre
 a sua biografia – 176
opinião de * sobre os grupos e
 sociedades espíritas – 88
origem da renda – 83, nota; 84
papel de * no advento do
 Espiritismo – 88
Pâtier, Sr. – 35
perigo dos Espíritos maus – 123
personalidade – 29
Pestalozzi – 28, nota
Plano proposto para o melhoramento
 da instrução pública – 31
polêmica espírita – 47
polêmica útil – 49
primeira notícia de uma nova
 encarnação – 165
primeira revelação da missão – 43, 158
princípios – 125
pronunciamento de * aos espíritas – 79
pseudônimo – 38, 40, 43
reencarnação – 13, 166, 170
reflexões, conselhos e máximas – 21, 111
refutação das críticas contra o
 Espiritismo – 77, nota
renda anual líquida – 80
René Taillandier – 38
renúncia – 52

ÍNDICE GERAL

repercussão da morte – 106
resposta de * ao padre Marouzeau – 78
resposta de * aos espíritas
   de Lyon – 54-56
respostas aos ataques – 47,
   82, 83, nota; 84-86
restos mortais – 108, nota
Roger, Sra., sonâmbula – 35
Sardou – 38
serviço militar – 29
sinal exterior de mediunidade – 63
sonambulismo – 32
sonho instrutivo – 90
sucessor – 92, 157, 171, 173
tiara espiritual – 160-165
Tiedeman-Monthèse – 38
Verdade, A, Espírito, e missão
   – 159, 160, nota
viagem espírita em 1860 – 53
viagem espírita em 1861 – 59
viagem espírita em 1862 – 76
viagem espírita em 1864 – 86
viagem espírita em 1867 – 92
vida escolar na França e na Suíça
   – 27, 28, nota; 29, notas
vida interior do homem – 24
volta de * por um pouco – 170
Yverdun – 28

L

Lachâtre, Maurice, Sr.
   Auto de fé de Barcelona – 67
Lavater, Johann Kaspar
   ideias da fisiognomonia – 183
Ledoyen, Sr.
   renúncia de Allan Kardec – 53
Leis da Natureza
   fraternidade – 154
   reencarnação – 185
   solidariedade – 154
Levent, Sr.
   discurso junto ao túmulo de
     Allan Kardec – 99
Leymarie, P.-G., Sr.
   correspondência de * sobre Allan
     Kardec – 104, nota
Liberdade de consciência
   Espiritismo – 152

Liceu Polimático
   Allan Kardec, professor – 32
Livre-arbítrio
   criação dos Espíritos – 127
Livro dos espíritos, O
   clero – 170
   construção da base – 39, 157
   mérito – 66
   primeira edição – 40
   reedições – 40, *notas*
Livro dos médiuns, O
   características – 59
   edição – 58
   Espiritismo experimental – 59
   Instrução prática sobre as
     manifestações espíritas – 59
   mediunidade – 59
   objetivo – 59
   objetivos para a reunião espírita – 116
Lyon (França)
   cidade do mártires – 56
   Grupo Esperança – 175
   primeiros estudos de Allan
     Kardec – 27, nota
   resposta de Allan Kardec
     aos espíritas – 54
   situação do Espiritismo – 54

M

Magnetismo
   Allan Kardec – 32
   Espiritismo – 33
Mal
   conhecimento da causa – 123
   origem – 155
Manifestação Espírita
   êxtase – 33
   fenômenos magnéticos – 33
   sonambulismo – 33
Manual dos exames para obtenção dos
   certificados de capacidade
   Allan Kardec – 31
Marouzeau, padre
   libelo – 78
   resposta de Allan Kardec – 78
Medicina
   Allan Kardec, doutor – 29, notas
Médium

ÍNDICE GERAL

comportamento – 137
exploração da mediunidade e
  * assalariado – 135
mandato – 138
orgulho – 140
qualidades – 140
Médium curador
  faculdade – 139
Mediunidade
  condenação da exploração – 135
  exteriorização da * em Allan Kardec – 63
  Livro dos médiuns, O – 59
  médium assalariado – 135
Mediunidade curadora
  caráter – 138
  desinteresse material – 138
Mesa falante
  Allan Kardec – 34
  Carlotti, Sr. – 34
Mesa girante
  Allan Kardec – 33
  fenômeno – 35
  Fortier, Sr., magnetizador – 33
  Roger, Sra., sonâmbula – 35
Método experimental
  Allan Kardec – 36
Missão
  Aline C., Srta., médium – 43
  Cardonne, Sra., confirmação – 43
  confirmação – 43
  Crozet, Sr., médium,
    confirmação – 43, 168
  Espírito Verdade – 46
  Japhet, Srta., médium – 43
  nota de Allan Kardec sobre
    confirmação – 46
  primeira revelação – 43, 157
  Verdade, A, Espírito, e * de Allan
    Kardec – 160, 161, nota
Moral
  objetivo essencial do Espiritismo – 116
Moral espírita
  base – 131
  características – 50, 109, 116
  origem – 50
Morte
  caráter – 153
  solidariedade, fraternidade – 154

Muller, E., Sr.
  discurso junto ao túmulo de
    Allan Kardec – 99, 101
Mundo corporal
  Mundo Espiritual – 123
Mundo Espiritual
  características do Espírito – 37, 127
  prova da existência – 37
  reação do * sobre o mundo
    corporal – 123
Mundo Invisível *ver* Mundo Espiritual
Mundo visível *ver* Mundo corporal

N

Nascimento
  Allan Kardec – 25
Nota explicativa – 181
Notas complementares – 157

O

Obras póstumas
  Allan Kardec – 37, 174
  edição – 182
  notas extraídas – 157
  Previsões relativas ao espiritismo – 174
Orgulho
  castas – 184
  consequências – 75
  destruição mútua – 156
  preconceito de cor – 184
  sentimento de personalidade – 66

P

Palais Royal
  Sociedade Parisiense de Estudos
    Espíritas – 51
Pâtier, Sr.
  Allan Kardec – 35
  personalidade – 35
Pensamento
  identificação do Espírito – 57
Père-Lachaise (Paris)
  restos mortais de Allan Kardec
    – 14, nota; 108 nota
Pestalozzi, Henrique
  Allan Kardec – 28, nota
Plainemaison, Sra.
  Allan Kardec – 35
  escrita mediúnica – 35

ÍNDICE GERAL

    família Baudin – 36
    mesas girantes – 35
    reunião na casa – 35, nota
Plano proposto para o melhoramento da instrução pública
    Allan Kardec – 31
Polêmica espírita
    Allan Kardec – 47
    Revista Espírita – 47
Polêmica útil
    Allan Kardec – 49
Progresso intelectual
    orgulho, egoísmo – 156, 157
    progresso moral – 155, 156
Progresso moral
    fé – 155
    felicidade – 156
Pseudônimo
    confirmação – 43
    Espírito protetor – 38
    opção pelo uso – 40

Q

Qual o sistema de estudo mais em harmonia com as necessidades da época?
    Allan Kardec – 31

R

Raça
    reencarnação e preconceito – 185
    origem dos privilégios – 184, 185
Reencarnação
    Leis da Natureza – 185
    preconceitos de raças e de castas – 185
Reflexões, conselhos e máximas de Allan Kardec
    Revista Espírita – 111
Refutação das críticas
    Allan Kardec e * contra o Espiritismo – 77, nota
Religião
    Espiritismo – 151
Reunião espírita
    características da * em Bordeaux – 62
    caridade – 148
Revelação Espírita
    caráter – 148
Revista Espírita
    Allan Kardec – 33
    conselhos de Allan Kardec – 70
    diatribes – 49
    discurso de Allan Kardec em Bordeaux – 63
    discurso de Allan Kardec em Lyon – 54
    E. Dufaux, Srta. – 44
    Espiritismo na sua expressão mais simples, O – 71
    jornal espírita – 43
    livraria – 93
    Magnetismo e Espiritismo – 33
    polêmica espírita – 47
    primeiro número – 44
    reflexões, conselhos e máximas de Allan Kardec – 111
    viagem espírita em 1860 – 53
    viagem espírita em 1861 – 59
    viagem espírita em 1862 – 76
Rivail, Denizard Hyppolyte-Léon *ver* Kardec, Allan
Roger, Sra., sonâmbula
    Allan Kardec – 35
    Fortier, Sr., magnetizador – 35
    Pâtier, Sr. – 35
    Plainemaison, Sra. – 35
Roustan, Sr.
    Japhet, Srta., médium – 43
    primeira revelação da missão de Allan Kardec – 43, 157
    reuniões espíritas na casa – 39

S

Sardou
    Allan Kardec – 38
Sausse, Henri
    Grupo Esperança (Lyon-França) – 175
Schmidt, Sra., médium
    reencarnação de Allan Kardec – 170
Segunda vista
    Cardonne, Sra., médium – 161
    leitura nas linhas da mão – 43, 160
    sinais fisiognomônicos – 163
Serviço militar
    Allan Kardec – 29
Sinais fisiognomônicos
    leitura nas linhas da mão – 163
Sociedade de Paris *ver*

ÍNDICE GERAL

Sociedade Parisiense de
Estudos Espíritas
Sociedade Parisiense de
Estudos Espíritas
    custeio das viagens de Allan Kardec – 76
    discurso de Allan Kardec – 52
    Dufaux, Sr. – 51
    E. Dufaux, Srta., médium – 50
    fundação – 50
    general X – 51, nota
    influência – 77
    intrigas contra Allan Kardec – 46
    Palais Royal – 51
    renúncia de Allan Kardec – 52
    Revista Espírita – 52
    sede – 51
    viagem espírita em 1860 – 53
    viagem espírita em 1862 – 76
Solidariedade
    morte – 153
Sonambulismo
    Allan Kardec – 32
    Espiritismo – 33

T

Taillandier, René
    Academia das Ciências – 38
    Allan Kardec – 38
Tiara espiritual
    Cardonne, Sra., médium – 160
    dupla vista – 165
    significado da expressão – 162
Tiedman-Monthèse
    Allan Kardec – 38
Tiptologia
    causa do fenômeno – 40, 41

U

Universidade de França
    obras adotadas – 32

V

Verdade, A, Espírito
    comunicação – 159, 160, nota; 167, 170
    Espírito familiar – 41
    evocação – 42
    missão de Allan Kardec – 159, 160, nota
    objetivos – 41
    significado do nome – 42
Verdadeiro espírita
    atitude – 133
    caráter – 55, 62
    divisa – 74
    espíritas lioneses – 55
    missão – 66
    reconhecimento – 66, 75, 110, nota; 117, 130, 150
Viagem Espírita
    conselhos de Allan Kardec – 56
    considerações sobre a * em 1860 – 53
    considerações sobre a * em 1861 – 59
    considerações sobre a * em 1862 – 76
    considerações sobre a * em 1864 – 86
    considerações sobre a * em 1867 – 92
    discurso de Allan Kardec – 54
    progresso da Doutrina Espírita – 53
    Revista Espírita – 53
    Sociedade Parisiense de Estudos Espíritas – 76
Vida escolar
    Allan Kardec – 27, nota
Vida corporal
    necessidade – 185
Vida espiritual
    conceito – 153
Vida futura
    Doutrina Espírita – 127
Virtude
    Espiritismo e desenvolvimento da * cristã – 61

Y

Yverdun
    Allan Kardec – 28

Z

Z., Espírito
    carta – 165
    reencarnação – 167
    reencarnação de Allan Kardec – 166

Conselho Editorial:
Jorge Godinho Barreto Nery – Presidente
Geraldo Campetti Sobrinho – Coord. Editorial
Cirne Ferreira de Araújo
Evandro Noleto Bezerra
Maria de Lourdes Pereira de Oliveira
Marta Antunes de Oliveira de Moura
Miriam Lúcia Herrera Masotti Dusi

Produção Editorial:
Rosiane Dias Rodrigues

Revisão:
Elizabete de Jesus Moreira

Capa:
Thiago Pereira Campos

Projeto Gráfico:
Fátima Agra

Diagramação:
Rones José Silvano de Lima – www.bookebooks.com.br

Foto de Capa:
istockphoto.com/scisettialfio
Acervo FEB

Normalização Técnica:
Biblioteca de Obras Raras e Documentos Patrimoniais do Livro

Esta edição foi impressa pela Lis Gráfica e Editora Ltda., Bonsucesso, SP, com tiragem de 2 mil exemplares, todos em formato fechado de 140x210 mm e com mancha de 100x169,3 mm. Os papéis utilizados foram o Lux Cream 70 g/m² para o miolo e o Cartão 250 g/m² para a capa. O texto principal foi composto em fonte Bembo Std 12/15,8 e os títulos em Trajan Pro 15/24. Impresso no Brasil. *Presita en Brazilo.*